特殊儿童心理评估与康复广东省高校哲学社会科学重点实验室资助

Accounting for Time and Altruistic Behavior

时间金钱化与利他行为

李继波 | 著

中央编译出版社
CCTP Central Compilation & Translation Press

图书在版编目 (CIP) 数据

时间金钱化与利他行为 / 李继波著. —北京：中央编译出版社，2019.2
ISBN 978-7-5117-3640-6

Ⅰ. ①时…

Ⅱ. ①李…

Ⅲ. ①时间哲学－研究

Ⅳ. ① B016.9

中国版本图书馆 CIP 数据核字 (2018) 第 265605 号

时间金钱化与利他行为

出 版 人：葛海彦
出版统筹：贾宇琰
责任编辑：朱瑞雪
责任印制：刘　慧
出版发行：中央编译出版社
地　　址：北京西城区车公庄大街乙 5 号鸿儒大厦 B 座 (100044)
电　　话：(010) 52612345（总编室）　(010) 52612341（编辑室）
　　　　　(010) 52612316（发行部）　(010) 52612346（馆配部）
传　　真：(010) 66515838
经　　销：全国新华书店
印　　刷：北京紫瑞利印刷有限公司
开　　本：880 毫米 ×1230 毫米　1/32
字　　数：100 千字
印　　张：5.25
版　　次：2019 年 2 月第 1 版
印　　次：2019 年 6 月第 2 次印刷
定　　价：35.00 元

网　　址：www.cctphome.com　　邮　　箱：cctp@cctphome.com
新浪微博：@中央编译出版社　　微　　信：中央编译出版社 (ID：cctphome)
淘宝店铺：中央编译出版社直销店 (http://shop108367160.taobao.com)　(010) 55626985

本社常年法律顾问：北京市吴栾赵阎律师事务所律师　闫军　梁勤
凡有印装质量问题，本社负责调换，电话：(010) 55626985

目 录

第一章 研究背景 ··· **001**

一、时间金钱化 ·· 003
  （一）时间金钱化的概念 ······························· 003
  （二）时间金钱化对幸福的影响 ······················ 006

二、金钱启动与时间启动 ······································ 013
  （一）金钱启动 ··· 014
  （二）时间启动 ··· 017

三、利他行为 ·· 019
  （一）利他行为的概念 ··································· 019
  （二）利他行为的测量和操纵 ························· 020
  （三）利他行为的影响因素 ····························· 022

四、时间金钱化与时间利他行为 ··························· 024
  （一）时间金钱化对时间利他行为的影响 ········· 025
  （二）时间金钱化对时间利他行为的影响机制 ··· 026

I

第二章　问题提出及研究构想 ………………………………… **029**

第三章　时间金钱化对不同利他行为的影响 ………………… **033**

　　一、时间金钱化对时间利他的影响（实验1）……… **033**
　　　　（一）目的 …………………………………………… **033**
　　　　（二）方法 …………………………………………… **034**
　　　　（三）结果与分析 …………………………………… **036**

　　二、时间金钱化对在校大学生金钱利他的影响
　　　（实验2a）………………………………………… **037**
　　　　（一）目的 …………………………………………… **037**
　　　　（二）方法 …………………………………………… **037**
　　　　（三）结果与分析 …………………………………… **038**

　　三、时间金钱化对已工作个体金钱利他的影响
　　　（实验2b）………………………………………… **040**
　　　　（一）目的 …………………………………………… **040**
　　　　（二）方法 …………………………………………… **040**
　　　　（三）结果与分析 …………………………………… **042**

　　四、讨论 …………………………………………………… **043**

目　录

第四章　时间金钱化影响利他行为的中介因素 ……… **045**
  一、经济效用心理定式的表现 ……………………… 045
    （一）经济效用心理定式的行为表现：时间分配
        （实验 3a）…………………………… 046
    （二）经济效用心理定式的行为表现：
        实用品和享乐品选择（实验 3b）………… 052
    （三）经济效用心理定式的电生理学表现
        （实验 3c）…………………………… 057
    （四）讨论 ……………………………………… 067
  二、经济效用心理定式在时间金钱化影响利他行为
    中的中介作用（实验 4）………………………… 068
    （一）目的 ……………………………………… 070
    （二）方法 ……………………………………… 070
    （三）结果与分析 ……………………………… 072

第五章 人格差异在时间金钱化影响利他行为中的调节作用 ………… 075

一、物质主义价值观在时间金钱化影响利他行为中的调节作用（实验 5）………… 075

（一）目的 ………… 077

（二）方法 ………… 077

（三）结果与分析 ………… 081

二、超越自我中心在时间金钱化影响利他行为中的调节作用（实验 6）………… 085

（一）目的 ………… 086

（二）方法 ………… 086

（三）结果与分析 ………… 088

三、讨论 ………… 089

第六章　结论 ………………………………… **093**

一、总的讨论 ………………………………… 093

（一）时间金钱化激活经济效用心理定式 ……… 093

（二）人格差异在时间金钱化

影响利他行为中的调节作用 …………… 096

二、总的结论 ………………………………… 099

三、今后努力方向 …………………………… 100

参考文献 ……………………………………… 103
汉英术语表 …………………………………… 123

附录

附录A　人事决策任务时间

金钱化组指导语（以研究三为例）……… 125

附录 B　人事决策任务控制组指导语
　　　　　（以研究三为例）·················· 129
附录 C　雇员信息（以上海分公司为例）··········· 132
附录 D　时间计费表 ························ 134
附录 E　时间记录表 ························ 136
附录 F　生僻字筛选任务 ···················· 138
附录 G　大学生日常活动有用性调查表 ············ 140
附录 H　预期小时工资计算和对照组指导语 ········ 142
附录 I　实用品享乐品选择 ···················· 144
附录 J　时间相关警句研究素材 ················ 145

后记 ···································· 149

第一章 研究背景

> 18世纪中期，人们对于时间的理解经历了一次翻天覆地的改变，这一切源于很简单的一句话："时间就是金钱。"
>
> ——克里斯汀·霍尔鲍姆

工业革命对人们的生活产生了巨大影响，其中一个重要而持久的影响是社会开始采用一种组织管理方式，这种组织方式促使人们更有效地利用时间（Pfeffer & DeVoe, 2012）。工厂和大规模企业的产生使很多人成为被雇佣者，这导致个体经历重大的变化：雇佣者购买时间，控制受雇者如何使用他们的时间，以获得更大的利润。这种雇佣关系造成这样一种时间观：强调时间的经济价值，将时间看作经济资源并为雇佣者所配置。在工作环境中，时间是稀缺资源，时间是金钱，要有效利用时间，这种观念进一步延伸到生活的其他领域（Pfeffer & DeVoe, 2012）。虽然采用时间金钱化的方式能够有效地管理员工的生产活动并促进效率，但是，这种组织管理方式会影响到个体生活各个方面的时间决策，进而影响个体的幸福感（DeVoe & House, 2012）。

20世纪末，积极心理学异军突起。1998年，塞利格曼（Seligman）在美国心理学年会上主张将心理学研究从病态心理主题扩展到幸福和美德上，将积极心理学研究提高到重要位置（曹新美、刘翔平，2008）。受积极心理学的影响，组织管理学研究者认识到研究积极组织行为的价值，并力求转换学术研究的取向，认为积极学术研究应该以追求员工健康和幸福为使命（Roberts, 2006）。与这种积极研究取向相对应的两个概念是：积极组织行为（positive organizational behavior, POB）（Luthans, 2002; Wright, 2003）和积极组织学术研究（positive organizational scholarship, POS）（Cameron, Dutton, & Quinn, 2003; Wrzesniewski, 2003）。积极组织行为主要研究积极导向的人力资源优势和心理力量的测量、开发、运用和有效管理，从而实现改善工作绩效的目标（Luthans, 2002: 59）。同样，积极组织学术研究将重点集中于在组织环境中培养积极的品质，如同情、宽容、尊严、尊重他人、诚实等，试图通过积极的组织动力和积极的组织运作产生积极效果（Cameron et al., 2003: 3）。这些研究者认为，组织领导不应该仅仅关注竞争与利益，也应该重视员工的适应与幸福（Cameron et al., 2003; Wright & Quick, 2009）。因为利他行为能有效地促进个体的幸福感（Dunn, Aknin, & Norton, 2008; Lyubomirsky, Sheldon, & Schkade, 2005; Weinstein & Ryan, 2010），组织行为者开始关注如何在工作场所中促进利他行为（Bateman & Porath, 2003; Wright & Goodstein, 2007）。在这些研究的基础上，我们探讨时间金钱化对利他行为的影响及其心理机制。

研究背景包括四方面的内容：一、时间金钱化；二、金钱启动与时间启动；三、利他行为；四、时间金钱化对时间利他行为的影响研究。

一、时间金钱化

（一）时间金钱化的概念

时间金钱化（accounting for time）是指将金钱价格赋予时间之上，用金钱来衡量时间的价值。将时间金钱化也就是将时间与金钱等同起来的做法。伴随着时间结构从自然时间结构转变为标准时间结构，再到弹性时间结构，人们的工作时间越来越不固定，雇佣方也越来越采用小时工资的方式付给劳动者报酬（Hamermesh, 2002；郑作彧，2010）；另一方面，随着工作场所中计算机技术的普及，通过电子工时表计算时间的经济价值变得越来越容易，也越来越普遍（Kaveny, 2001）。时间计费主要有两种：一种是以小时工资的形式计酬；另一种则采用工时表记录每一事项所花费的具体时间（DeVoe, Lee, & Pfeffer, 2010; DeVoe & Pfeffer, 2010）。在国外，以时间计费方式获取报酬的方式非常普遍，会计师、律师、软件工程师甚至医生都采用这种方式获取报酬（DeVoe & Pfeffer, 2010）。这里，我们以美国的律师为例。美国的律师从踏入律师行业开始，就从资深律师那里获得指导——"为你工作的每一分钟计费"。时间计费要求准确计时。律师在记录时间过程中采用"工时表"，一般是表格形式，标有每一项活动所花费的具体时间，计时单元一般是 6 分钟，也有 10 分钟为一个单元，但很少超过 15 分。计时单元越短，结果越精确。律师时间计费的理想结果是每一项法律活动都真实反映在时间计费单上，这样的计费单应该很详尽。这种时间计费方式简单易行，适用面广，有利于建立律师事务所的内部管理体制，因此，从 20 世纪 60 年代开始实施一直运行至今（李政辉，2009）。随着全球经济的一体化，国内越来越多的公司企业也开始采用计时工资的方式付给员工报酬，比如项目管理（徐选华、陈晓红，2008）、制造车间工时管理系统（莫文毅、仲梁维，2012）、软件开发（周蕾，2008）等部门都倾向于采用时间计费的方式付酬。

在实证研究中，研究者对时间金钱化的操作主要有两种，一是选择现实中以时间计费方式获得报酬的被试；一是让被试在实验室中对时间计费。具体操作如下：

一种选择以时间计费方式获得报酬的被试。现实工作中，

第一章　研究背景

有人以计时工资的方式获取报酬，也有人以其他方式（比如计件工资）获取报酬。以计时工资获取报酬的个体常常计算自己付出的时间，以及付出时间所带来的物质回报，他们更倾向于用金钱来衡量时间（Evans & Barley, 2004）。于是，德沃（DeVoe）等人根据个体是否以小时工资形式获取报酬将被试分为两组：一组是以小时工资获取报酬的被试（尤其是律师），对照组则不以小时工资获得报酬（DeVoe & Pfeffer, 2007a; Kaveny, 2001）。

另一种，让被试在实验室中计算时间的金钱价值。决策研究表明，时间的机会成本和经济价值在日常生活中并不一定是凸显的，人们在日常决策中并不倾向于根据经济价值做出决定，因此，只有要求考虑时间的经济价值，时间的经济价值才会凸显（DeVoe & House, 2012）。因而，研究者就通过让被试给自己的时间计费凸显时间的经济价值。在德沃和豪斯（House）（2012）的一个实验中，所有被试回答与职业有关的三个问题：每年工作多少周？每周工作多少个小时？年收入是多少？回答完这三个问题后，将被试随机分成两组。一组是实验组，被试需要在进入后续程序前计算他们的小时工资。指导被试将一年工作周数和一周工作小时数相乘，然后拿所得数字再去除年收入，这样就得到小时工资数。在计算时，个体可以自由使用草稿纸和计算器。计算完成后，研究者告知被试，该结果是被试的近似小时工资。另一组是控制组，他们不需要计算自己的小时工资。在德沃和普费弗

(Pfeffer)(2010)的另一个实验中,所有被试参与虚拟的人事决策任务。要求根据雇员信息给一家虚拟公司的三个分公司做人事决策(辞退、提前退休或调动),并将结果以信件的形式发给各分公司经理和职位变动的相关人员。任务持续40分钟。时间金钱化组和控制组唯一的不同是在参与人事决策的同时,要对所花费的时间计费。每6分钟计一次费,填在桌面上的时间计费表相应位置。控制组则不需要对时间计费,在40分钟后,直接回答后续的问题。

(二)时间金钱化对幸福的影响

幸福是人类存在的至上目标,是建立在人生意义之上的一种快乐的心理状态,源自个人的生存、发展需要达到某种程度的满足(黄希庭,李继波,刘杰,2012)。时间和金钱是人类社会两种最重要的资源,对个体的幸福至关重要。20世纪70年代,研究者开始集中探讨金钱与幸福的关系,做了大量研究,到目前为止获得了一些较为一致的结论(Dunn, Aknin, & Norton, 2008; Kahneman & Deaton, 2010; Vohs, Mead, & Goode, 2006);对时间与幸福之间关系的探讨则开始得较晚,主要是基于金钱与幸福的关系研究(DeVoe & House, 2012; Kasser & Sheldon, 2009; Mogilner, 2010)。

时间与金钱看来有许多相似之处。比如,对于时间和金钱,个体都可以"节省""花费""浪费"或"有效利用"。而且,时间和金钱都是有限资源,我们每天只有 24 小时。富兰克林(Benjamin Franklin, 1706—1790)甚至说:"时间就是金钱。"时间与金钱虽然具有相似性,其实两者是很不相同的。比如,时间比金钱更具模糊性、不确定性,人们较难计量所花费的时间(Okada & Hoch, 2004)。时间不具有存贮性,金钱可以储存,有银行可以存放,而时间却一刻不停地流逝,无法存储(黄希庭,2006)。时间决策遵循的规则也不同于金钱决策(DeVoe & Pfeffer, 2007b;张军伟、徐富明、刘腾飞、陈雪玲、蒋多,2010)。金钱启动使个体花费更多时间工作,不愿意帮助他人,进而削弱个体的幸福感;时间启动则使个体花费更多时间参与社会交往,更少时间工作,进而提高个体的幸福感(Mogilner, 2010; Vohs, Mead, & Goode, 2006; Vohs, Mead, & Goode, 2008;谢天、周静、俞国良,2012)。那么,抛开时间与金钱的差异性而将两者等同起来,或者说仅仅用金钱来衡量时间,会对个体的幸福感产生怎样的影响呢?自 2007 年起,加拿大多伦多大学德沃领导的团队就此问题做了一系列研究,使人们能了解到时间金钱化与幸福的关系。现在让我们来看看德沃等人是如何进行此项心理学研究的。

德沃等人的研究结果表明,用金钱来衡量时间会削弱个体的幸福感(DeVoe & House, 2012; DeVoe & Pfeffer, 2007a, 2007b; DeVoe & Pfeffer, 2011; Pfeffer & DeVoe, 2009)。幸福感主要包括

情感和认知两种基本成分,其中情感成分包括积极情感和消极情感两个相互独立的维度,认知成分则指个体对自己生活满意程度的评价(Diener, 2000)。他们从时间金钱化对幸福两个基本成分的影响展开。一方面,德沃等人的研究表明,用金钱来衡量时间会削弱个体的生活满意度。在他们的一项研究中,选取两组被试,一组以小时工资获取报酬,另一组则不是。测量他们的生活满意度。以小时工资获得报酬的被试赋值为1,另一组赋值为0;用单题项的总体生活满意度量表测量满意度,4点评分。结果显示,是否以小时工资形式获得报酬与生活满意度的相关显著($r=-0.10$, $p<0.001$)。这表明,以小时工资获取报酬的被试比非计时获酬的被试报告的生活满意度更低(DeVoe & Pfeffer, 2009)。另一方面,德沃等人的研究表明,用金钱来衡量时间使个体体验到更多的消极情绪。比如,时间金钱化使个体产生更多的急躁情绪、更不耐烦。在德沃和豪斯(2012)的研究中,将被试随机分到实验组和控制组。实验组被试报告自己每年的工作周数、每周的工作小时数以及年收入,然后被试计算每小时的薪酬。控制组进行相似的数学计算但不计算自己的小时工资。急躁情绪体验采用六题项的问卷进行测量,0~100评分。结果显示,实验组急躁情绪体验得分($M=37.67$, $SD=2.03$)高于控制组得分($M=32.52$, $SD=2.03$)($t=2.97$, $p=0.03$)。这表明,经过时间金钱化操纵后,与非计时获酬的控制组被试相比,实验组被试感

到更不耐烦，更不快乐。

为什么用金钱来衡量时间会削弱个体的幸福感呢？德沃等人认为，这种结果可能受某些变量的影响，其中最重要的有三个：

第一，享受能力削弱了。德沃等人认为，将时间金钱化之所以会降低个体的幸福感，是因为用金钱来衡量时间会削弱个体的享受能力，导致个体认为本来令人快乐的事情（比如上网和听音乐）反而是无法忍受的（DeVoe & House, 2012）。在德沃和豪斯（2012）的研究中，实验前先测被试的幸福感，接着实验组被试计算自己的小时工资，控制组无需计算，之后被试意外获得10分钟的上网娱乐时间，被试可以在网上自由地做自己喜欢的事情，随后再次测量两组被试的幸福感。结果显示，控制组被试比实验前更快乐，说明自由上网有利于个体幸福感的提高，而实验组被试前后测幸福感却没有显著差异，表明他们并没有从自由冲浪中获得快乐。该研究另外一个实验结果表明，同样的操纵削弱了个体从舒适音乐中获得快乐的能力。因为从生活的小事情中获得享受的能力是幸福的一个重要影响因素（Quoidbach, Dunn, Petrides, & Mikolajczak, 2010），所以，时间金钱化操作可能通过削弱享受能力而降低了个体的幸福感。

第二，工作时间延长了。德沃等人发现，用金钱来衡量时间会促使个体放弃更多的休闲时间而花更多时间去工作（DeVoe

& Pfeffer, 2007b）。德沃和普费弗（2007b）选取以小时计算工资和不以小时计算工资的员工作为研究对象，要求被试回答，"有三个选择：工作更少时间但也赚更少的钱；工作相同时间赚相同的钱；工作更多时间赚更多的钱。如果有机会，你会选择其中的哪个？"结果表明，以小时计算工资的被试愿意花费更多的时间赚取金钱。另一个实验中，将不以小时计算工资的员工作为研究对象，随机分为两组：实验组计算小时工资，控制组不计算。然后问被试愿意花费多少时间在有报酬的工作上；结果表明，计算了小时工资的被试愿意花费更多的时间在有报酬的工作上。已有研究表明，较少休闲而过多工作会导致个体的幸福感下降（Kahneman, Krueger, Schkade, Schwarz, & Stone, 2004）。因此，德沃等人认为，用金钱来衡量时间会导致个体增加工作时间，从而降低了他们的幸福感。

第三，利他意愿及行为减少了（这一部分内容在后面时间金钱化对利他行为的影响中详述）。由于已有研究表明，利他行为有助于幸福感的提高（Harbaugh, Mayr, & Burghart, 2007; Lyubomirsky, 2007），因此，德沃等人认为，时间金钱化是通过减少利他意愿及行为来削弱个体幸福感的。

为厘清时间金钱化对幸福的影响及其心理机制，德沃领导的团队将现实生活中普遍存在的问题转化成一个心理科学研究的问题，并设计了问卷、实验，做了一系列实证研究，得出结论：

第一章 研究背景

时间金钱化主要通过降低享受能力、增加工作时间、减少利他意愿及行为等因素影响个体的幸福感。这一研究具有较高的应用价值，为后来的研究者开辟了一个新的方向。但是，在我们看来，德沃等人的研究也有值得商榷并加以深化的必要。

第一，时间金钱化可能并不必然会削弱个体的幸福感。德沃等人认为时间金钱化会削弱个体的幸福感，但该结论的适用性可能是有限的。对于低收入的个体，上述的时间金钱化效应可能并不存在。德沃等人关于时间金钱化对幸福影响的研究，对象都是西方社会中的较高收入群体，比如律师和来自较富裕家庭的大学生。时间金钱化使个体只关注时间的经济价值，花更多的时间在工作上，可能获得更多的经济利益。根据收入与幸福的关系，收入的增长并不伴随个体幸福的提高（Easterlin, 1974）。一旦收入达到能够满足人们基本生活需要的水平之后，金钱与幸福的关系就很微弱，甚至不存在相关。所以，时间金钱化所带来的经济收益要小于它带来的负面效应。而对于低收入的个体，其基本生活需要还没有满足，时间金钱化使个体更关注经济效用，去赚取更多的金钱以改善物质生活，这样时间金钱化带来的积极效用可能会大于负面效用，时间金钱化可能会提高低收入者的幸福感。

第二，时间不一定是金钱，时间也许是生命、是人生的意义。对于时间和幸福，具有不同人生观、价值观的人会有不同的理解，关键在于人生追求的是什么。我们所理解的幸福是建立在

时间金钱化与利他行为

人生的意义之上的愉悦的心理状态。这方面可以举出许多实例来加以说明，例如许多学者、艺术家的作品，都是呕心沥血，甚至是用生命来完成的。陈景润为证明"1+2"，屈居于6平方米小屋，借一盏昏暗的煤油灯，伏在床板上，耗去了几麻袋的草稿纸。海明威的《战地春梦》第一章改了五十多次。王尔德曾花了整个上午去校对自己写的一首诗，把一个逗号删掉了；到下午，他又把逗号放回去。这样的付出，市场不会补偿，金钱难以补偿，全在于他们对人生意义的理解。因此，从某种意义上说，将时间金钱化窄化了时间本身所具有的广泛价值，使个体更倾向于把金钱作为衡量时间的唯一标准。当然，那些视时间是金钱、视金钱为一切的人也是有的。2009年，中国首富黄光裕、浙江"亿万富姐"吴英，信奉金钱就是一切，一切就是金钱，将唯利是图推向极致，蔑视法律，铤而走险，如今身陷囹圄，为人所唾骂，何谈幸福？

第三，虽然德沃等人关于时间金钱化影响幸福的量化研究开辟了新模式，但尚需用质性研究加以补充。因为对于像时间、幸福之类人类共同关心的课题，只有把量化研究与质性研究有机结合起来，才能对心理现象做到全面的分析，才能认识到这些心理现象的性质和规律。在时间金钱化与幸福关系的研究中，量化研究和质性研究两者不可偏废。举例来说，根据是否认为"时间就是金钱"，我们将那些常年以小时工资形式获得报酬的被试分成两类，从中选取典型的个体进行个案分析，采用深入访谈的形式，探讨时间金钱化对他们的幸福产生了怎样的影响，为什么产生这样的影响以及过程是什么。只有这样，我们才能深入理解干巴巴的数据背后的意义。

二、金钱启动与时间启动

时间和金钱对幸福的影响不仅仅局限于它们作为一种资源。越来越多的证据表明，与时间、金钱概念有关的心理定式（mindsets）对我们从特定活动中获得幸福具有重要的影响。知识和概念以关联网络的形式组织，这已得到人们的公认（Anderson & Bower, 1973）。因而，内在或外在刺激激活一个概念，会激活在相同关联网络中的其他相一致的概念（Dijksterhuis & Bargh, 2001）。这就意味着，当人们说时间和金钱概念激活不同的心理定式，也就是说它们激活了与之相关的不同的关联网络，关联网络的激活会影响个体的认知和行为。比如，激活与老年人有关的关联网络会使被试走得更慢（Bargh, Chen, & Burrows, 1996）。那么，时间和金钱激活怎样的关联网络？它们又是怎样影响个体的行为呢？

（一）金钱启动

金钱启动是一种启动技术，通过手指灵敏任务、混词组句或背景提示等方式激活金钱观念，进而考察其对个体心理与行为产生的影响，据此探究金钱影响个体心理与行为的规律。

1. 金钱启动操作方法

金钱启动的方法很多，主要可归纳为以下几种：（1）手指灵敏任务。金钱启动条件下，被试从一沓钞票中点出 80 张面值 100 元的人民币；控制条件下，被试从一沓纸中点出 80 张白纸（Zhou, Vohs, & Baumeister, 2009）。（2）混词组句任务（scrambled-words task）。在该任务中，给被试呈现 30 组单词，每组有 5 个打乱顺序的单词，被试用单词组中的 4 个单词组成一个有意义的句子。控制条件：30 组全是中性单词。举例来说，将"cold it desk outside is"组成短句"it is cold outside"。金钱启动条件：30 组中有 15 组与金钱相关。比如，将"high a salary desk paying"组成"a high-paying salary"（Mogilner, 2010; Vohs, et al., 2006；另见综述：谢天、周静、俞国良，2012）。（3）背景呈现。被试任务是在电脑前填一份问卷（无关问卷）。金钱启动条件：填写问卷六分钟后，电脑屏保显示水里有许多钞票。控制条件：屏保显示水里鱼在游动或屏保是空白（Vohs, et al., 2006; Vohs, Mead, &

Goode, 2008）。（4）被试选择。经济系的大学生与其他系的大学生相比（Frank, Gilovich, & Regan, 1993）。（5）金钱捐献提问。"你愿意捐多少钱给美国肺癌基金会？"（Liu & Aaker, 2008）。

2. 金钱启动对幸福的影响

金钱启动会减轻个体的痛苦。周欣悦、福斯（Vohs）和鲍迈斯特（Baumeister）(2009)的研究表明，金钱启动可以减轻个体的身体疼痛和心理痛苦。与数纸的被试相比，数钱的被试在遭到社会拒绝或将手放在50℃的热水中后，其报告的痛苦较少。但是，金钱启动像一把双刃剑，它也会削弱个体的幸福感。比如，金钱启动使个体更少从他人那里获取帮助，也更少帮助他人，进而影响个体的幸福感（Mogilner, 2010; Vohs, et al., 2006）。金钱启动如何作用于幸福？

金钱启动有助于减轻个体的痛苦，可能有两种原因。周欣悦、福斯和鲍迈斯特（2009）认为可能的原因是金钱启动增强了个体的力量（strength）、效能（efficacy）和信心（confidence），而这些有助于减缓社会拒绝和生理痛苦。另一种原因可能是，金钱启动起到了类似毒品的功能——减轻了大脑对痛苦的感受。因为研究证明，金钱具有毒品的性质（Lea & Webley, 2006），金钱诱发大脑一些区域（伏核、眶回等）的激活，这些区域跟可卡因对成瘾者大脑的激活区重叠，也跟低剂量吗啡诱发的大脑激活区重叠。

金钱启动通过时间分配（Mogilner, 2010）、利他行为（Vohs, et al., 2006; Vohs, et al., 2008）和享受能力（Quoidbach, Dunn, Petrides, & Mikolajczak, 2010）等中介变量影响个体的幸福感。

金钱刺激激活经济价值最大化的心理定式（Liu & Aaker, 2008; Loewenstein, Read, & Baumeister, 2003）。金钱启动的个体花费较多的时间在工作上而花费较少的时间用于社会交往（Mogilner, 2010）。社会关系（比如与配偶、朋友和家人的关系）是个体幸福的重要影响因素（Diener & Seligman, 2002; Ryan & Deci, 2001）。具体而言，当参与社会交往时，人们最快乐；而工作和乘车上下班时最不快乐（Kahneman, et al., 2004）。所以，金钱刺激条件下，个体通过分配在工作和社交上时间的多寡而影响其幸福水平。

金钱启动减少人们的利他行为（Vohs, et al., 2006）。金钱刺激使人感到自足（个体努力达到自己的目标并远离他人）。与非金钱启动相比，金钱启动使人们较少需求帮助，也较少帮助别人。与中性刺激相比，金钱刺激使人们偏好独自玩耍，独自工作，与陌生人之间保持较远的距离（Vohs, et al., 2006; Vohs, et al., 2008）。当帮助他人时，人们可能会感到幸福（Gilbert, 2006）。利他行为与个体报告的真实的幸福状态有关（Harbaugh, Mayr, & Burghart, 2007; Lyubomirsky, 2007）。因此，金钱启动减少了个体的利他行为和利他意愿，进而损害了个体的幸福感。

另外，金钱启动削弱了人们对日常正面情绪和体验的享受能力。比如，与控制组的被试相比，金钱启动条件下的被试品尝巧克力的时间较短，吃得较没有味道（Quoidbach, et al., 2010）。而在日常生活中，这些细微的快乐（比如夏季里喝一杯冰镇的啤酒）是幸福的重要组成部分（Gilbert, 2006）。

（二）时间启动

与金钱启动相比，时间启动有利于提高个体的幸福感（Liu & Aaker, 2008; Mogilner, 2010）。比如，时间启动条件下，个体倾向于花费较多时间参与社交活动，较少时间工作，幸福感较高（Mogilner, 2010）。

1. 时间启动操作方法

时间启动的操作方法较少，主要有以下两种：（1）混词组句任务（scrambled-words task）：许多组词语，每组有4个词，用其中的3个词语组成有意义的句子。时间启动条件是每组词语与时间相关，控制条件是每组词与时间无关（Mogilner, 2010; Vohs, et al., 2006）。（2）时间捐献提问。"你愿意花多少时间为美国肺癌基金会服务？"（Liu & Aaker, 2008）。

2. 时间启动对幸福感的影响机制

与金钱启动相比,时间启动又是如何影响个体的幸福感呢?

时间启动使个体更关注社会联系,因为社会联系是个体幸福感的关键因素(Ryan & Deci, 2001),所以,时间启动通过增进社会联系进而促进了个体幸福感的提高。莫吉纳尔(Mogilner, 2010)的研究证明,激活时间心理定式,个体倾向于花费较多的时间与朋友、家人在一起,而花费较少的时间在工作上。这些活动与幸福感有密切的关系(Kahneman, et al., 2004)。具体而言,被试完成与时间相关的拼凑句子任务后,无论是分配时间的意愿还是具体的时间分配,个体都倾向于花较多时间参与社会交往,较少时间工作。

时间启动使得个体做出更多的利他行为(Liu & Aaker, 2008)。在刘文迪和艾克(Aaker)的研究中,被试回答与志愿服务时间有关的问题,他们比控制组被试捐赠更多的金钱,也贡献更多的义务服务时间。因为利他行为有助于幸福感的提高(Harbaugh, et al., 2007; Lyubomirsky, 2007),这样,时间启动就通过促进个体的利他行为而有利于幸福感的提高。

对个人而言,时间具有多种含义,例如时间就是人生的经历(黄希庭,2014),人生经历总是带有情感色彩的,与金钱相比,人生经历中的情感因素可能会更强烈。时间启动可能会激活情绪心理定式,使个体追求更具有情感意义的目标(Liu & Aaker, 2007)。处于情绪心理定式下的个体会花更多的时间与家人和朋友在一起,参与更多的利他行为,进而影响个体的幸福感。

三、利他行为

(一)利他行为的概念

利他行为(Altruistic Behavior)也称为亲社会行为(Prosocial Behavior),它在日常生活中很常见。比如当你独自在一个陌生城市旅行,可能经常被陌生人的友善打动。你也会经常听到或见到匿名捐赠、志愿活动等等。当然,你也可能是这些助人者的一员。

给利他行为下的定义很多。首先是生物学上的定义,即单个生物体的行为,降低了该生物体自身的再生适应能力,但增进了至少一个相同种类的其他成员的再生适应能力,也就是影响了一个个体基因出现在下一代基因库的相对频率的能力(Hamilton, 1963)。西蒙(Simon, 1990)也曾对利他行为做出了一个定义:利他是一个在以损失自己适应度的情况下增加他人繁殖适应度的行为。社会学解释,利他行为是指在人类交往特别是非亲属间交往中,在一个联合行动中某个个体有益于他人而自己承担成本的行为（杜鹏，2006）。心理学解释主要有以下几种：利他行为是一个总称，用来描述保护或提高他人福利的行为，包括有益干预（helpful interventions）、志愿行为、金钱捐助或献血等（Weinstein & Ryan, 2010）；斯耐德（Snyder）和欧莫托（Omoto, 2008）认为，"志愿行为是在组织背景下，个体经过深思熟虑之后，自愿对那些主动寻求帮助的对象提供长期且无偿的帮助的行为"（石伟、李林，2010）；利他行为就是"某个体在特定时空条件下，以牺牲自己的适应性来增加、促进和提高另一个个体适应性的表现"（罗跃嘉、古若雷、陈华、黄淼，2008）。

综上所述，我们认为，利他行为是一个总称，用来描述保护或提高他人福利的行为，该行为成本由提供帮助者承担。利他行为包括志愿行为、金钱捐助、无偿献血、日常生活中的帮助行为等。

（二）利他行为的测量和操纵

利他行为测量方法有自我报告法、同伴评定法和内隐方法。

利他行为的测量主要采用自我报告法。通常的做法是让被试报告自己参与利他行为的频次或利他行为意愿。比如，邓恩（Dunn）、阿肯南（Aknin）和诺顿（Norton, 2008）的研究开始了一项调查，让被调查者估计他们每个月用于利他行为的花费，用该指标来表征亲社会程度；志愿者行为研究常常让被试报告参与志愿行为的时间长短（Wilson，2012）；温斯坦（Weinstein）和瑞恩（Ryan，2010）的研究中让被试每天报告是否帮助他人；有研究者则采用《利他意愿问卷》（Mutual Help Willingness Scale, MHWS）来测量个体的利他行为意愿（Ye, Leung, & Mok, 2011）。也有研究者采用他人评定法来测量个体的利他行为，尤其是在儿童的利他行为研究中（郭伯良、王燕、张雷，2005）。

外显的测量法虽然让我们对利他行为本质有了较好认识，但利他行为是社会称许性较高的行为，受社会判断和自我认知等多方面因素影响。于是，有研究者提出采用内隐的方法来测量利他行为（蒋达、王歆睿、傅丽、周仁来，2008）。

在实验研究中，研究者主要考虑对利他行为的操纵。对利他行为的操纵更多的是对金钱利他和时间利他的操纵。对金钱利他操纵包括为他人花钱和回忆为他人花钱的经历：比如邓恩、阿肯南和诺顿（2008）的研究中随机给被试一笔钱，让一部分被试给自己花费，让另一部分被试给别人花费；他们另一个研究中，让被试回忆最近一次为他人花 20 或 100 美元的经历（Aknin, Dunn, & Norton, 2012）。对时间利他操纵包括志愿行为和日常时间利他行为：比如温斯坦和瑞恩（2010）在实验研究中一个被试花时间帮助另一被试完成任务；在另一项研究中，让长期住院的慢性病患者病人参与志愿服务（对以英语为第二语言的留学生进行语言辅导）（Yuen, Huang, Burik, & Smith, 2008）。

也有研究者对利他行为的操纵将两者结合起来，柳博米尔斯基（Lyubomirsky）等人的研究采用的就是这样的方法：他们要求被试在6周的时间内每周完成5件好事，具体什么事情不做要求（Lyubomirsky, 2007）。

（三）利他行为的影响因素

利他行为的影响因素很多，它不仅与个体所遇到的情境及其对该情境的认知相关，也与个体的情绪以及人格有密切的关系（黄希庭，2002）。关于利他行为影响因素的论述已经很多，不再赘述。这里主要论述与本书相关的几个影响因素。

物质主义价值观。物质主义价值观是一种强调拥有物质财富对于个人生活重要性的价值观念，它包括三个层面的含义：把获取财物作为生活的中心目标、通过获取财物来追求幸福、用拥有财物的数量和质量来衡量自己和他人的成功（Richins, 2004）。物质主义者往往不重视人际关系，更少关心参与社会问题，更少的慈善捐赠（Richins & Dawson, 1992; Roberts & Clement, 2007）。由此可见，物质主义价值观与利他行为是一种负相关关系。

情绪。积极情绪能促进助人行为。我们都知道在请人帮忙前尽量让他高兴，甚至是片刻的高兴也会得到预期的帮助；相反，别人不高兴的时候则可能难以求得帮助。伊森（Isen）和莱温（Levin）（1972）的实验中，他们将硬币放在商场自动付费电话找零处,然后等待有人发现这些硬币,以此来促进购物者的情绪。当拿到硬币的购物者离开电话后,实验助手拿着文件夹出现,并故意在购物者前面不远处掉下文件,看被试是否会帮助拾起文件。结果发现,与没有发现硬币的人(给予帮助的占4%)相比,发现硬币者有84%停下来给予帮助。另一研究中,研究者让一些被试阅读描述积极情绪(得意、欢快、满足)的资料,而让另一组被试阅读描述消极情绪(消沉、沮丧、不满)的资料。结果发现,阅读积极情绪资料的被试比阅读消极情绪资料的被试有更多的利他行为(Aderman, 1972)。但并非只有积极情绪才能促进个体的利他行为。内疚是一种负性情绪,但它有利于个体做出利他行为。研究中,实验者让一组被试按钮电击学生(实验助手),产生高内疚;让另一组被试按钮发出蜂鸣声警告学生,产生低内疚。接着,询问两组被试是否愿意参与拯救红杉树运动的工作。结果表明,高内疚被试比低内疚被试表示更愿意参与(Carlsmith & Gross, 1969)。

利他人格。利他人格这一概念直到2008年才逐渐得到研究者的认可,并确立了其在利他行为研究中应有的地位(钟华、郭永玉,2008)。具有利他人格的个体有几个特点:具有较高的社会责任感,重视道德义务,他们的行为与自身的信念保持一致(Bierhoff, Klein, & Kramp, 1991);较强的共情能力,设身处地地感受他人的情绪(Eisenberg & Miller, 1987);对世界公正的信念，相信人们会得到他们应该得到的（Lerner, 1980）；内控，认为自己的命运可以由自己主宰，将成功失败归因于自己的努力和失误（Midlarsky, 1971）；低利己主义，他们更少关注自我和竞争。具有利他人格的个体有更多的利他行为（Philippe Rushton, Chrisjohn, & Cynthia Fekken, 1981; Staub, 1991）。

助人代价。在各种助人情境中，助人者都可能要付出某种代价。帮助遭到抢劫的人可能会受伤，甚至危及生命；帮助迷路的老人到他要去的地方，可能会延误重要的约会。在这些例子中，个体可能会产生双趋冲突——自我利益与利他行为的矛盾（黄希庭，2002）。有研究者以助人代价为自变量，探讨它对利他行为的影响。他们用电话联系大学生，要求他们回答一份关于态度的问卷，并告知完成问卷的时间分不同的层次，从20分钟到3小时。结果发现，拒绝率随所说时间的增长而提高（Tims, Swart, & Kidd, 1976）。

四、时间金钱化与时间利他行为

已有的关于时间金钱化与利他行为关系的研究主要集中在时间金钱化对时间利他行为的影响上。

（一）时间金钱化对时间利他行为的影响

已有研究表明，用金钱来衡量时间价值不仅削弱个体参与时间利他行为的意愿，也减少个体具体的时间利他行为（DeVoe, Lee, & Pfeffer, 2010; DeVoe & Pfeffer, 2007a; DeVoe & Pfeffer, 2010; Pfeffer & DeVoe, 2009）。

时间金钱化削弱个体参与时间利他行为的意愿。在德沃和普费弗（2010）等人的一项研究中，对不是以小时计算工资的个体，实验组被试计算自己的小时工资，控制组被试不计算，然后调查个体参加志愿行为的意愿；结果表明，计算完小时工资后，个体参加志愿行为的意愿降低了，计划分配给志愿活动的时间更少。在他们另一个实验中，所有被试参与虚拟的人事决策任务。要求根据雇员信息给一家虚拟公司的三个分公司做人事决策（辞退、提前退休或调动），并将结果以信件的形式发给各分公司经理和职位变动的相关人员。该任务持续40分钟，不要求被试在该时间段内完成全部任务。实验组和控制组唯一的不同是在参与人事决策的同时，要对所花费的时间计费。每6分钟计一次费，填在桌面上的时间计费表相应位置。时间计费表最上面有费率，由4栏组成，包括时间间隔（每6分钟一个间隔）、任务内容（人事决策或备忘录写作）、为某子公司所花费时间、该子公司需要支付的报酬。最后，时间金钱化组被试要合计为每一子公司所花费时间和该公司需要支付的费用，同时要总计所花费时间和获得的报酬。控制组则不需要对时间计费，在 40 分钟后，直接回答后续的问题。所有被试完成志愿活动参与意愿问卷。结果表明，时间金钱化组被试比控制组被试更愿意参与志愿活动（DeVoe & Pfeffer, 2010）。

时间金钱化减少个体具体的利他行为。在一项研究中，他们调查被试前一天花在志愿活动上的分钟数。在控制了大量额外变量（工作特点和个人特质）后，统计结果表明，以小时工资方式获得报酬的被调查者较少参与志愿活动，他们花费更少时间在志愿活动上（DeVoe & Pfeffer, 2007a）。另一项研究中，所有被试参与人事决策任务，随机分为时间金钱化组和控制住，最后调查被试参与"让孩子微笑"（Make A Child Smile）公益活动的程度（采用个体投递信件的数量作为指标）。结果表明，时间金钱化组被试比控制组被试投递更少的信件，即经过时间金钱化操纵后，人们更少参与公益活动（DeVoe & Pfeffer, 2010）。

（二）时间金钱化对时间利他行为的影响机制

时间金钱化之所以会削弱时间利他行为，普费弗和德沃（2012）认为，时间金钱化激活了时间经济效用最大化的心理定式。时间金钱化，使得时间的价值精确化，人们更关注时间的效用价值而较少关注时间难以量化的价值（比如志愿行为、休闲）。

时间金钱化后，个体更倾向于采用经济效用评价的方式衡量时间的价值，更看重时间的外在效用，更不愿意花时间去做那些没有或缺少经济效用的事情（DeVoe & House, 2012; Pfeffer & DeVoe, 2012）。因而，他们更不愿意参与缺少外在回报的时间利他行为。

获取报酬的方式调节时间金钱化与时间利他行为的关系（DeVoe & Pfeffer, 2007a）。研究中，对不以小时工资获取报酬的被试，时间金钱化操纵使他们更不愿意参与志愿者行为；而对以小时工资获取报酬的被试，时间金钱化操纵对他们没有影响。德沃和普费弗（2007a）认为，以小时工资形式获取报酬的被试已经形成了时间经济效用最大化的心理定式，故时间金钱化操纵对他们没有影响。

第二章 问题提出及研究构想

已有研究只关注时间金钱化对时间利他的影响，但是，实际上时间金钱化对利他行为的影响可能并不局限于此。已有的启动研究表明，时间金钱化可能造成金钱和时间两个概念的同时启动。金钱与经济效用紧密联系在一起，金钱启动会激活经济效用心理定式（economic utilitarian mindsets）(Liu & Aaker, 2008; 谢天、周静、俞国良，2012)。处于经济效用心理定式的个体追求效用最大化的目标，他们花费更多的时间在工作上（Mogilner, 2010），花更少的时间参与亲社会活动（Pfeffer & DeVoe, 2009; Vohs, Mead, & Goode, 2006）。对个人而言，时间具有多种含义，例如时间就是人生经历（黄希庭，2014），人生经历总是带有情感色彩的，与金钱相比，人生经历中的情感因素可能会更强烈。时间启动可能会激活情绪心理定式（emotional mindsets），使个体追求更具有情感意义的目标（Liu & Aaker, 2007）。处于情绪心理定式下的个体会花更多的时间与家人和朋友在一起（Mogilner, 2010），参与更多的亲社会活动（Liu & Aaker, 2008）。然而，由于时间金钱化使得时间的价值金钱化，个体更倾向于认为"时间就是金钱"（DeVoe & Pfeffer, 2007; Pfeffer & DeVoe, 2012）。因此，虽然时间金钱化同时启动时间和金钱两个概念，但起主导作用的是金钱激活的经济效用心理定式，即以经济效用最大化为目标的心理定式，在这种心理定式下的个体更关注事物或行为的经济实用性。

如果时间金钱化使个体对任何成本付出都追求最大化的经济效用回报，那么时间金钱化对利他行为的影响就不仅仅局限于时间这一种成本，也可能影响以其他资源为成本的利他行为。时间和金钱是人类社会两种最重要的资源，以时间和金钱为成本的利他行为是两种最主要的亲社会类型（Cnaan, Jones, Dickin, & Salomon, 2011; Gino & Mogilner, 2014）。因此，在本书中，研究一首先探讨时间金钱化对时间利他的影响，考察德沃等人研究结果的正确性；接着进一步探讨时间金钱化对金钱利他行为的影响。

研究二是经济效用心理定式的表现研究和该心理定式在时间金钱化影响利他行为中的中介作用。首先根据定义，选择时间分配、实用品和享乐品选择以及电生理学指标来衡量经济效用心理定式；接着考察经济效用心理定式的中介作用。

时间金钱化与利他行为的关系并不是一对一的关系，它可能受到其他因素的影响。由于物质主义价值观和超越自我中心与利他行为有紧密的联系（Kasser & Sheldon, 2002; Dambrun & Ricard, 2011），所以，研究三考察物质主义价值观和超越自我中心在时间金钱化影响利他行为中的调节作用。

研究框架如图 2-1。

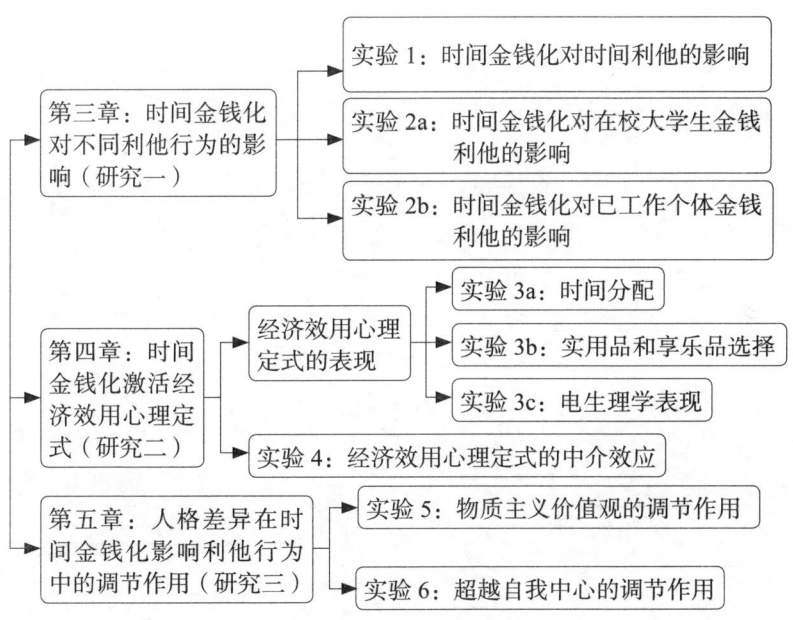

图 2-1 研究框架图

第三章　时间金钱化对不同利他行为的影响

已有研究只关注时间金钱化对时间利他的影响，认为时间金钱化激活了时间经济效用最大化的心理定式，但是，时间金钱化对利他行为的影响可能并不局限于此。因此，本研究首先探讨时间金钱化对时间利他行为的影响，考察德沃等人研究结果的正确性；接着将进一步考察时间金钱化对金钱利他行为的影响。

一、时间金钱化对时间利他的影响（实验1）

（一）目的

探讨时间金钱化对时间利他的影响，考察能否重复验证德沃等人的研究结果。

（二）方法

采用单因素两水平的完全随机实验设计。自变量是实验条件，分时间金钱化组（实验组）和控制组。因变量是时间利他。

1. 被试

通过校内论坛招募（被告知实验时间约 50 分钟，报酬 10 元）在校大学生 29 人（男 14 人）为被试，平均年龄 20.95 岁（SD=1.69）；随机分到时间金钱化组（14 人）和控制组（15 人）。

2. 程序

所有被试参与虚拟的人事决策任务，该任务改编自德沃和普费弗（2010）的研究，要求被试根据我们提供的雇员信息给一家虚拟公司的三个分公司（北京、上海、广州分公司）做人事决策（辞退、提前退休或调动），并将结果以信件的形式发给各分公司经理和职位发生变动的相关雇员。该任务持续 40 分钟，不要求被试在该时间段内完成全部任务。与控制组被试唯一的不同是，时间金钱化组被试在参与人事决策的同时，要对所花费的时间计费。每 10 分钟计一次费，填在桌面上的时间计费表相应位置。时间计费表最上面有费率（0.8 元/分），由四栏组成，包括时间间隔（每 10 分钟一个间隔）、任务内容（人事决策或备忘录写作)、为某子公司(北京、上海或广州)所花费时间、该子公司需要支付的报酬。最后,时间金钱化组被试要合计为每一子公司所花费时间和该公司需要支付的费用,同时要总计所花费时间和获得的报酬。控制组则不需要对时间计费,在40分钟后,直接回答后续的问题。

完成人事决策任务后,让被试做两个评价:"请评价你现在的疲劳程度",1~7评分,1表示很累,7表示精神很好;"请评价你此刻的心情",1~7评分,1表示很差,7表示很好。紧接着,我们告知被试实验已经完成,仿福斯、米德和古德(Goode)(2006)的实验,要求被试帮助主试在计算机屏幕上筛选生僻字,用E-prime程序记录其筛选生僻字的时间。被试了解工作任务后,按空格键开始整理材料,同时开始计时;因材料很多,其间被试可以自愿选择退出(按"Q"退出)并结束计时。被试提供帮助的时间长短(分钟数)作为时间利他的指标。最后被试对实验过程中的被监控感进行1~7分的评价,1表示一点也没有,7表示有很强的被监控感;并回答下面两个问题:"本研究的目的是什么?""你在帮我们筛选生僻字时,是否受到了前面人事决策任务的影响?"

实验结束,主试付给10元被试费并向被试解释实验过程及目的。

（三）结果与分析

控制组和实验组被试时间利他、疲劳程度、被监控感和情绪感受的描述统计结果见表 3-1。

表 3-1 控制组和实验组时间利他、疲劳程度、被监控感和情绪感受的平均数和标准差

	控制组（$M \pm SD$）	时间金钱化组（$M \pm SD$）
时间利他	12.46 ± 4.52	8.24 ± 3.18
疲劳程度	4.27 ± 1.34	4.43 ± 1.56
被监控感	2.07 ± 0.96	1.93 ± 1.54
情绪感受	5.33 ± 0.98	4.79 ± 0.97

对被试提供帮助时间的统计结果检验表明，与控制组被试（$M=12.46$，$SD=4.52$）相比，时间金钱化组被试花更少的时间帮助他人（$M=8.24$，$SD=3.18$），$t(27)=2.89$，$p<0.01$，Cohen's $d=1.11$。

对被试疲劳程度、情绪感受和被监控感进行独立样本 t 检验。对疲劳程度来说，时间金钱化组与控制组并没有显著差异，$t(27)=0.30$，$p>0.05$，Cohen's $d=0.11$。对情绪感受来说，时间金钱化组与控制组没有显著差异，$t(27)=1.51$，$p>0.05$，Cohen's $d=0.57$。对被监控感，时间金钱化组与控制组没有显著差异，$t(27)=0.39$，$p>0.05$，Cohen's $d=0.11$。排查结果显示，没有被试猜出研究目的。

该结果与德沃和普费弗（2007，2010）的研究结果一致，将金钱价格赋予时间之上会使得个体花更少的时间帮助他人。与控制组相比，时间金钱化操纵并没有使实验组被试更疲劳或有一种被监控的感觉，而且两组被试在情绪感受上没有差异，因而两组被试在时间利他上的显著差异不是由于实验条件不同引起的疲劳程度、被监控感和情绪的差异。时间金钱化可能激活时间经济效用最大化的心理定式，在这种心理定式下的个体更关注时间的经济回报，更不愿意花时间参与缺少经济效用的亲社会活动，重复验证了德沃等人的研究结果。

二、时间金钱化对在校大学生金钱利他的影响（实验 2a）

（一）目的

探讨时间金钱化对大学生金钱利他的影响。实验假设是，与控制组相比，时间金钱化削弱了大学生金钱利他程度。

（二）方法

采用单因素两水平的完全随机实验设计。自变量是实验条件，分时间金钱化组（实验组）和控制组。因变量是金钱利他。

1. 被试

通过校内论坛招募（被告知实验时间约50分钟，报酬10元）在校大学生47人为被试。男16人，女31人；年龄：$M=21.87$ 岁，$SD=1.28$；被随机分到实验组（25人）和控制组（22人）。

2. 程序

除时间利他改为金钱利他外，其余同实验1。对金钱利他的测量如下：所有被试阅读"大家都知道，4月20日，雅安发生7.0级地震。地震发生后30分钟内，壹基金联合救灾雅安地震救援行动启动。现在救灾行动进入第三阶段，即灾后重建期，为灾后儿童提供心理康复设施和服务。灾区的生活恢复需要社会各界人士持续的爱心关注，壹基金呼吁有爱心的人们，加入捐助计划，支持公益行动。假如你的口袋里有十张一元的零钱，根据自愿原则，你会捐多少给该项捐助计划？"。0~10元选择。被试愿意捐的具体钱数作为金钱利他的指标。

（三）结果与分析

控制组和实验组被试金钱利他、疲劳程度、被监控感和情绪感受的描述统计结果见表3-2。

表 3-2 控制组和实验组金钱利他、
疲劳程度、被监控感和情绪感受的平均数和标准差

	控制组 $M(SD)$	时间金钱化组 $M(SD)$
金钱利他	6.36（3.32）	3.88（3.06）
疲劳程度	4.50（1.37）	4.76（1.30）
被监控感	1.91（0.97）	2.00（1.56）
情绪感受	4.59（0.96）	5.00（0.82）

对被试愿意捐赠金钱的统计结果检验表明，与控制组被试（M=6.36，SD=3.32）相比，时间金钱化组被试愿意花更少的钱帮助他人（M=3.88，SD=3.06），t（45）=2.67，p<0.05，Cohen's d=0.80。

对被试疲劳程度、情绪感受和被监控感进行独立样本 t 检验。对疲劳程度来说，时间金钱化组与控制组并没有显著差异，t（45）=0.67，p>0.05，Cohen's d=0.20。对情绪感受来说，时间金钱化组与控制组没有显著差异，t（45）=1.58，p>0.05，Cohen's d=0.47。对被监控感，时间金钱化组与控制组没有显著差异，t（45）=0.24，p>0.05，Cohen's d=0.07。因此，实验组与控制组被试在金钱利他上的差异并不能归因于这三个变量。排查结果显示，没有被试猜出研究目的。

本实验结果表明，时间金钱化削弱了大学生花钱帮助他人的意愿。时间金钱化可能激活经济效用最大化的心理定式，在这

种心理定式下的个体更关注经济回报，更不愿意花钱参与缺乏经济效用的亲社会活动。表明时间金钱化并不仅仅影响个体的时间利他，而且也影响其金钱利他行为。

三、时间金钱化对已工作个体金钱利他的影响（实验2b）

前面两个实验被试都是在校大学生，缺乏一定的生态效度，本实验考察时间金钱化对已参加工作个体金钱捐赠的影响。

（一）目的

探讨时间金钱化对已工作个体金钱利他的影响。实验假设是，与控制组相比，时间金钱化削弱了已工作个体的金钱利他程度。

（二）方法

采用单因素两水平的完全随机实验设计。自变量是实验条件，分时间金钱化组（实验组）和控制组。因变量是金钱利他。

1. 被试

通过专业调查网站问卷星（http://www.sojump.com）有偿

服务，在网络里招募已参加工作一年以上的被试。基于 IP 地址，排除部分重复问卷，又删除了信息不完整和前后信息不吻合的问卷，最后有效被试 332 人（男 155 人），平均年龄 31.53 岁（$SD=7.28$）。

2. 程序

首先，根据被试开始回答问题那一刻的时间，将分钟数尾数为偶数的被试分到时间金钱化组（177 人），奇数则分到控制组（155 人）。接着，要求时间金钱化组被试回答改编自德沃和豪斯（2012）设计的与工作有关的三个问题：过去的一年工作了多少周？每周工作多少个小时？年收入大约多少？回答完这 3 个问题后，被试计算他们的小时工资。计算完成后，提示该结果是被试的近似小时工资；控制组则不需要计算自己的小时工资，直接进入后续程序。接着对两组被试进行捐赠意愿的调查：被试阅读"4 月 20 日，雅安发生 7.0 级地震。地震发生后 30 分钟内，壹基金联合救灾雅安地震救援行动启动。现在救灾行动进入第三阶段，即灾后重建期，为灾后儿童提供心理康复设施和服务。灾区的生活恢复需要社会各界人士持续的爱心关注，壹基金呼吁有爱心的家人们，加入壹家人月捐计划，每月一份爱，持续地支持公益行动。如果你参与壹家人月捐计划，每月你会捐多少钱给壹基金？0~100 元/月，请输入你愿意捐赠的数目。"被试愿意捐的具体钱数作为金钱利他的指标。最后完成个人基本信息的填写,个人基本信息包括性别、年龄、工作年限、职业等,控制组被试要回答年收入、周工作小时数这两个问题。

(三)结果与分析

控制组和实验组被试的工作年限、周工作小时、年收入、年龄等人口统计学资料的描述统计结果见表3-3。

表3-3 控制组和实验组被试人口统计学信息

	控制组 M (SD)	时间金钱化组 M (SD)
工作年限	7.97(5.34)	9.63(6.36)
周工作小时	41.46(11.56)	41.43(9.17)
年收入	5.43(4.11)	7.30(5.51)
年龄	30.49(6.44)	32.45(7.85)

考虑到工作年限、周工作小时、年收入、性别和年龄段可能会对被试的金钱捐赠意愿产生影响,因此以这五个变量为协变量,以时间金钱化为自变量进行协方差分析。斜率同质性检验结果表明,工作年限、周工作小时、年收入、性别、年龄段与时间金钱化之间的交互作用均不显著,可以采用协方差分析。结果表明,与控制组被试($M=43.98$,$SD=33.39$)相比,时间金钱化组被试倾向于花更少的钱帮助他人($M=34.29$,$SD=28.67$),

$F(1, 325)=6.92$, $p<0.01$, $\eta^2=0.02$。

本实验结果表明，时间金钱化同样削弱了已参加工作个体的金钱捐赠意愿。时间金钱化激活了经济效用最大化的心理定式，进而削弱个体的金钱利他行为。实验2a和实验2b拓展了德沃等人的研究。

四、讨论

本研究考察了时间金钱化对时间利他和金钱利他的影响。实验1结果与德沃等人的研究结果相一致：与控制组被试相比，经过时间金钱化操纵的个体花更少的时间帮助他人。但是，时间金钱化对利他行为的影响不仅仅局限于以时间为成本的利他行为，它也影响个体的金钱利他。实验2a和实验2b的研究结果支持了这个假设。实验2a、2b的研究结果表明，不管是对在校大学生还是已经工作的个体，经过时间金钱化操纵，他们都更不愿意参与金钱利他行为。这表明，时间金钱化可能激活了经济效用最大化的心理定式，挤压了时间的情绪心理定式。与金钱相比，时间更具有模糊性和不确定性（Okada & Hoch, 2004），时间既包含经济效用，也包含个人经历中的情感成分，但时间金钱化使得个体更倾向于将时间看作金钱，时间金钱化主要激活了金钱启动效应。

第四章
时间金钱化影响利他行为的中介因素

一、经济效用心理定式的表现

时间金钱化可能激活经济效用心理定式,即以经济效用最大化为目标的心理定式,在这种心理定式下的个体更关注事物或行为的经济实用性。当经济效用最大化的目标受到阻碍时,个体会产生不耐烦的情绪。根据经济效用心理定式的含义,实验3a选择时间分配来衡量经济效用心理定式,实验3b以实用品和享乐品选择来衡量经济效用心理定式,实验3c则采用电生理学表现。

（一）经济效用心理定式的行为表现：时间分配（实验3a）

本实验（实验3a）用个体分配到高效用活动（如兼职工作）上的时间和分配到低效用活动（如听音乐）上的时间多少来衡量经济效用心理定式。

已有研究表明时间金钱化影响时间分配，使个体花更多的时间在工作上，花更少的时间参与利他行为（DeVoe, et al., 2010; DeVoe & Pfeffer, 2007a）。研究者认为，时间金钱化使得个体成为时间的经济评价者，想用时间换取更多的金钱，金钱成了衡量时间价值的唯一标准（Pfeffer & DeVoe, 2012）。本研究考察时间金钱化对大学生时间分配的影响。对于在校大学生来说，效用是指有利于他们获得好的成绩、奖学金、评优、找工作、考研等。

大学生平时经常进行的活动清单：健身、上网、听音乐、完成课后学习任务、看电视、兼职工作、参加一些必要的职业培训、与朋友在一起相聚、与朋友或亲人电话聊天、听讲座、课前准备以及参加学校和社会中的各类活动。其中学习工作时间包括：完成课后学习任务时间、兼职工作时间、参加一些必要的职业培训时间、听讲座时间、课前准备时间和参加学校以及社会各类活动时间。休闲时间包括：健身时间、上网时间、听音乐时间、看电视时间、与朋友们的相聚时间和与朋友亲人电话聊天时间（钟博维、高友明、钟毅平，2011）。美国人时间使用：有报酬的工作；家庭照料（做饭和清洁）；私人时间（睡觉）；休闲（看电视/上网、体育运动、俱乐部、与朋友家人联系）；志愿者活动（Robinson & Godbey, 1999）。

实验假设：与控制组被试相比，时间金钱化组被试分配更多时间在有效用回报的活动上，分配更少时间在休闲娱乐等低效用的活动上。

1. 目的

考察时间金钱化对大学生时间分配的影响。

2. 方法

本研究采用单因素2水平被试间实验设计。

（1）被试

在校大学生40人（男17人），平均年龄：（$M=20.32$，$SD=1.52$）。各组被试被随机分到实验组和控制组，其中实验组20人，控制组20人。

（2）程序

进入实验室，被试填写登记表。接着，所有被试参与虚拟的人事决策任务（DeVoe & Pfeffer, 2010）。要求被试根据雇员信息给一家虚拟公司的三个分公司（北京、上海、广州）做人事决策（辞退、提前退休、调动），并将结果以信件的形式发给相关人员。该任务需要40分钟。实验组和控制组唯一的不同是在参与人事决策的同时，要对所花费的时间计费。每10分钟计一次费，填在桌面上的时间计费表相应位置。时间计费表最上面有费率（0.8元/分），由四栏组成，包括时间间隔（每10分钟一个间隔）、任务内容（人事决策或备忘录写作）、为某子公司（北京、上海或广州）所花费时间、该子公司需要支付报酬。最后，时间金钱化组被试要合计为每一子公司所花费时间和该公司需要支付的费用，同时要总计所花费时间和获得的报酬。控制组则不需要对时间计费。被试在单独的房间内完成，人员绩效资料保存在电脑上，邮件被试要打在一个已经打开的word文件上。电脑上提供计时器和计算器。完成人事决策任务后。然后所有被试完成时间分配调查并对各种活动的有用性进行评价。

实验结束，主试付给10元被试费并向被试解释实验过程及目的。

（3）测量

首先，对81名在校大学生进行开放式问卷调查。"在大学生活中，你平常经常进行的活动有哪些？请根据一定的分类标准尽量多地列举。"根据调查以及前人的研究结果，将大学生常见的日常活动分为12项。其中，学习工作包括：完成课后学习任务，兼职工作，参加一些必要的职业培训，听讲座，课前准备，参加学校以及社会各类活动。休闲娱乐包括：体育活动，上网，听音乐，看电影或电视，与朋友们在一起相聚，与朋友亲人电话聊天。实验中，所有被试阅读"下面是大学生的各种日常活动，请你设想下学期的某一周，在这周中有许多空闲时间供你自由支配，你会如何分配这些时间呢？请评定，你将这些空闲时间用到下列每一项活动中的多少。1~7 评分，1 表示'没有'，7 表示'全部'。"被试还要回答时间分配的原因："刚才你根据什么来分配这些空闲时间？"接着，让被调查者评定这些活动的有用性（有用性的标准：是否有利于评优、有利于考研或找到好的工作等），1~7 评分，1 表示一点也没用，7 表示非常有用。

3．结果与分析

（1）有用性

图 4-1 是大学生对学习工作和休闲娱乐活动的有用性评分。对大学生日常活动的有用性评定进行检验。结果表明，学习工作的有用性得分（$M=32.40$，$SD=3.26$）高于休闲娱乐的有用性得分（$M=22.85$，$SD=4.39$），$t(39)=10.45$，$p<0.001$，$Cohen's\ d=1.66$。这些日常活动中，最有用的是"参加一些必要的职业培训"（$M=6.03$，$SD=0.86$），最没有用的是"看电影或电视"（$M=3.93$，$SD=1.23$）。因此，本研究中将"学习工作"和"休闲娱乐"分别定义为高效用活动和低效用活动是合理的。

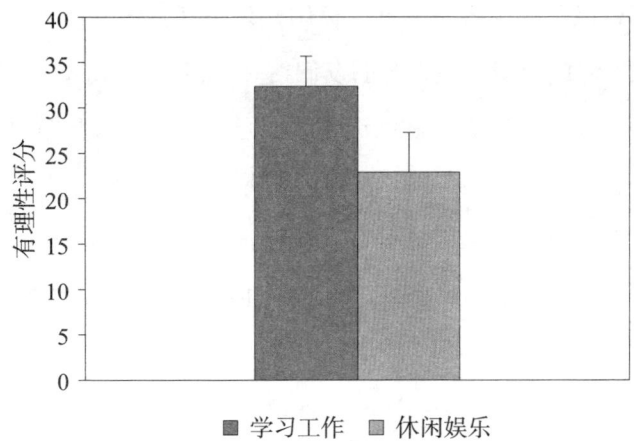

图 4-1　大学生对学习工作和休闲娱乐的有用性评分

（2）学习工作与休闲娱乐时间

实验条件和控制条件下，被试分配给学习工作和休闲娱乐的时间见图 4-2。

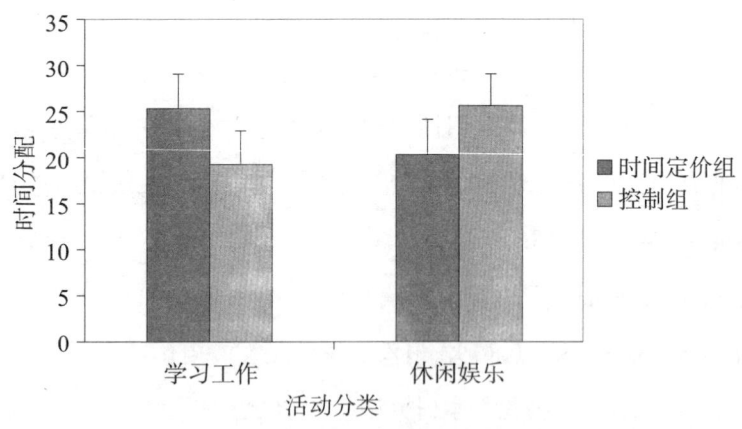

图 4-2　实验条件和控制条件下学习工作与休闲娱乐上的时间分配情况

个体分配在学习工作上的时间与时间分配总和（个体分配到学习工作和休闲娱乐上时间的总和）呈显著正相关，$r=0.47$，$p<0.01$。因此将个体分配时间总和作为协变量，以时间金钱化为自变量进行协方差分析。斜率同质性检验结果表明，时间分配总和与时间金钱化之间的交互作用不显著，$F(1,36)=0.05$，$p>0.1$，可以采用协方差分析。协方差分析结果表明，与控制组被试（$M=19.25$，$SD=3.61$）相比，时间金钱化组被试分配更多的时间在学习工作上（$M=25.35$，$SD=3.63$），$F(1,37)=33.56$，$p<0.01$，$\eta^2=0.48$。所以，时间金钱化使得个体花更多时间在具有更高效用的学习工作上。

个体分配在休闲娱乐上的时间与时间分配总和呈显著正相关，$r=0.37$，$p<0.05$。因此将个体分配时间总和作为协变量，以时间金钱化为自变量进行协方差分析。斜率同质性检验结果表明，时间分配总和与时间金钱化之间的交互作用不显著，$F(1,36)=0.05$，$p>0.1$，可以采用协方差分析。结果表明，与控制组被试（$M=25.60$，$SD=3.49$）相比，时间金钱化组被试分配更少的时间在休闲娱乐上（$M=20.30$，$SD=3.76$），$F(1,37)=33.56$，$p<0.01$，$\eta^2=0.48$。所以，时间金钱化使得个体花更少时间在具有低效用的休闲娱乐上。

（3）经济效用心理定式程度

同样的活动对不同的人效用可能不同，为了排除这个差异。

我们用以下公式来计算单个被试的经济效用心理定式程度。

经济效用心理定式 $=\sum[(U-4)\times(A-4)]$，其中 U 为个体对某活动有用性的评分，A 为个体分配给该活动的时间。有用性评分和时间分配都是 1~7 评分，以"听音乐"这项活动作为例子说明。某个被试对"听音乐"有用性评分 U= 3，时间分配 A= 2，则该被试在"听音乐"这项活动上的经济效用心理定式得分为 2。最后，将 12 项活动得分加总即为该被试的经济效用心理定式。

对控制组和实验组的经济效用心理定式得分进行独立样本 t 检验。结果表明，时间金钱化组的经济效用心理定式得分（M= 2.10，SD= 5.41）高于控制组的经济效用心理定式得分（M=-1.65，SD=5.68），$t(38)$ =2.14，p< 0.05，Cohen's d=0.69。所以，时间金钱化可能激活了效用最大化的心理定式，使个体花更多时间在更高效用的活动上。

（二）经济效用心理定式的行为表现：实用品和享乐品选择（实验 3b）

本实验采用实用品和享乐品的选择作为经济效用心理定式的指标。

享乐品和实用品是市场营销研究中一种很常见的分类。具体来说，享乐品（hedonic goods）是指"能让人在情感和感官上获得美的，或者享乐性的愉快感受的产品"，例如专业设计的时尚服装、珠宝、跑车、巧克力、音乐等。而实用品（utilitarian goods）则是"更多地基于理性认知、工具性的、目标导向的、能完成某种功能或实际任务"的产品或服务，例如基本食物和衣物、面包车、微波炉、洗衣粉、保安系统等（姚卿、陈荣、段苏桓，2013；童璐琼、郑毓煌、赵平，2011）。根据定义，实用品与外在效用紧密联系在一起，而享乐品与外在的效用没有关系。金钱启动后，个体对实用品的购买意愿要高于对享乐品的购买意愿（Tong, Zheng, & Zhao, 2013）。在金钱概念下，人们进行认真的思考，产生更多关于实用性属性的想法，进而增加选择实用品的可能性（童璐琼，2012）。

经济效用心理定式是以效用最大化作为自己目标的心理准备状态，处于该心理定式下的个体更关注事物、行为的有用性、实用性。根据实用品和享乐品的定义，实用品对应的是有用性和实用性，即效用，而享乐品与实用性关系较小。已有研究发现，金钱刺激减少个体花费在享受（比如品尝美味巧克力）上的时间（Quoidbach, Dunn, Petrides, & Mikolajczak, 2010）。我们假设，与控制组被试相比，时间金钱化组被试更愿意购买实用品，而不愿意购买享乐品。

1. 目的

时间金钱化对个体享乐品和实用品选择的影响。

2. 方法

本研究采用单因素3水平被试间实验设计。自变量是实验条件，分控制组、时间金钱化组和普通计算组三个水平，因变量是被试选择实用品的比例。

（1）被试

通过专业调查网站问卷星有偿服务，在网络里招募已参加工作一年以上的被试。基于IP地址，排除部分重复问卷，又删除了不认真作答的问卷，最后有效被试307人（男155人），平均年龄31.53（$SD=7.28$）。

（2）实验材料

为了选择合适的享乐品和实用品，排除因为分类不当、熟悉程度和个体喜好程度的不同，正式实验前，进行预调查。通过网络对60名已经工作一年以上的个体进行了调查，了解哪些实用品和享乐品他们比较熟悉并经常使用或购买。根据童璐琼、郑毓煌和赵平（2011）对享乐品和实用品的定义，每个被调查者阅读"日常生活中的用品可以分为两类：实用品和享乐品。其中，享乐品是指能让人在感官和情感上获得愉快感受的产品，而实用品是用于达到自己目标或完成实际任务的工具性产品。请根据这一定义，列举出 3 种你生活中常购买或使用的实用品和享乐品。"

根据预调查结果，实用品和享乐品各选择一例作为本研究的目标产品，即"一盒巧克力和一盒牙膏"。确定产品后，又通过网络另外招募 50 名参与者对这两者熟悉度和喜好度进行评价。结果表明，被调查者对这两者的熟悉度和喜好度没有显著差异，$p>0.1$。

（3）程序

根据参与调查者的手机尾号将被试分为三组：控制组（95 人，尾号 0、1、2、4）、时间金钱化组（98 人，尾号 3、5、6）、普通计算组（114 人，尾号 7、8、9），这样达到随机分配被试的目的。时间金钱化组被试回答与毕业后工作有关的三个问题：每周预期工作多少个小时？每年预期工作多少周？预期年收入是多少？接着计算他们的小时工资。指导被试将一年工作周数和一周工作小时数相乘，然后拿所得数字再去除年收入，这样就得到小时工资数。计算完成后，提示被试，该结果是他的近似小时工资。另一组是普通计算组，他们不需要计算自己的小时工资，做无意义的与实验组被试类似的数学计算，即"在空白处填入一个六位数"，"填入两个不同的两位数"，"将这两个两位数相乘再去除前面的六位数"。控制组被试直接进入后面的问题。参照童璐琼（2012）等人的研究，所有人阅读"我们正在设计一项研究。在未来研究中，我们考虑给参与者一些奖励。因此在本问卷中，我们想了解一下什么样的奖品会受大家欢迎。想象一下，如果你可以从以下两个选择中选一个作为对你的奖励，你将选择哪一个？（奖励 A 和奖励 B 的价钱相等，请在你选择的选项上打钩）"。为了检测两种目标产品确实在享乐性和实用性上存在差异，最后所有被试阅读实用品和享乐品分类标准，对两种目标产品属性的享乐性和实用性程度打分。1~7打分，1表示是完全享乐型的产品，7表示是完全实用型的产品。

3. 结果与分析

控制条件检验结果表明，与一盒巧克力（$M=2.25$，$SD=.23$）相比，被调查者对同等价钱的一盒牙膏的评价（$M=6.43$，$SD=0.79$）更偏向于实用型，t（306）=13.63，$p<0.001$，$Cohen's\ d$=1.53。因此，本实验对产品分类控制是有效的。

各实验组被试选择实用品的比例见表4-1。

表 4-1　各条件组被试选择实用品的比例

实验条件	控制组	普通计算组	时间金钱化组
选择实用品比例	37.9%	28.9%	58.2%

以被调查者对实用品和享乐品的选择为因变量（0代表选择

巧克力，1代表选择牙膏），对于实验条件（1代表普通计算组，2代表时间金钱化组，3代表控制组，其中控制组作为参考分类）作为自变量进行二元 logistic 回归分析。结果见表4-2，普通计算组与控制组没有显著差异（$p>0.05$），时间金钱化组与控制组有显著差异（$p<0.01$）。与控制组相比，时间金钱化组被试更倾向于选择实用品，$\chi^2(1)=7.99$，$p<0.01$。进一步卡方检验结果表明，与普通计算组相比，时间金钱化组个体更倾向于选择一盒牙膏，$\chi^2(1)=18.63$，$p<0.001$。因此，实用品的选择倾向差异是由时间金钱化操纵引起的。

表 4-2 产品选择逻辑回归结果

预测变量	B	SE	Wald	p
普通计算组	−0.404	0.296	1.867	0.172
时间金钱化组	0.823	0.294	7.825	0.005

所以，实验 3b 证明，时间金钱化操纵使得个体在实用品和享乐品选择中更倾向于实用品，时间金钱化可能激活了经济效用最大化的心理定式。

（三）经济效用心理定式的电生理学表现（实验 3c）

实验 3a 和实验 3b 从行为上证明了时间金钱化激活经济效用心理定式，本实验（实验 3c）为时间金钱化激活经济效用心理定式提供电生理学证据。根据定义，经济效用心理定式是以经济效用最大化为目标的心理定式，在这种心理定式下的个体更关注事物或行为的经济实用性。当效用最大化的目标受到阻碍时，个体会产生不耐烦（impatience）的情绪。实验3考察经济效用心理定式的三个电生理学指标：脑电α波、皮肤电、心率。

α波（频率为8~13Hz，振幅为50μv）一般只有当被试闭上眼睛、处于放松和平静状态时才会出现，处于平静状态时，个体大脑α波活动显著增加（Takahashi et al., 2005）。脑α波相对总功率是指α波功率在全部脑波所产生的功率中所占的比重，这是一个实时变动的值，该数值越高表示个体越安定、平静及放松。数值越低则代表被试越警觉和清醒（任俊、黄璐、张振新，2012）。给人带来平静感的古典音乐诱发α段脑电功率最高，而摇滚乐诱发的α脑电功率最低（卢英俊、戴丽丽、吴海珍、秦金亮，2012）。因为利他行为没有外在回报，我们推测，时间金钱化后，个体参与利他行为时会产生浮躁、不耐烦的情绪，表现为脑α波功率值和相对总功率下降。

皮肤电反应（Galvanic skin response, GSR）是皮肤的电活动变化，表示皮肤上两个选定点之间的电流通过量或电阻值，18世纪末由意大利生理学家加尔凡尼（Galvani）首先发现，故以他的名字命名。皮肤电反应量是情绪反应的良好指标，情绪紧张、烦躁时，交感神经活动增强，汗腺分泌增加，于是皮肤导电量增高；反之，情绪平静时汗腺分泌减少，皮肤导电性降低，引起皮电降低（Bradley, Silakowski, & Lang, 2008; Breimhorst et al., 2011; Maltzman, Gould, Barnett, Raskin, & Wolff, 1979）。测谎和心理生理学的研究中都需要皮肤电反应的指标。本实验中将皮肤电作为不耐烦的一个指标。在本实验中，皮肤电单位是微西门子（μS）。

心率（Heart Rate，HR）即心脏跳动的频率，是指心脏每分钟跳动的次数。正常成年人安静时的心率有显著的人格差异，平均在75次/分左右（60~100次/分）。心率可因年龄、性别及其他生理情况而不同。初生儿的心率很快，可达130次/分以上。在成年人中，女性的心率一般比男性稍快。同一个人，在安静放松时心率减缓，情绪烦躁时心率加快（张文彩、吕新湖、闫克乐、唐一源，2005）。如果个体处于经济效用心理定式，参与亲社会活动更容易产生不耐烦的情绪，进而导致心率加快。心率单位是次每分（BPM）。

1. 目的

考察时间金钱化对电生理学指标的影响。

2. 方法

本研究采用单因素2水平（实验操纵：时间金钱化组和非

时间金钱化组）完全随机实验设计。因变量包括脑α波功率值、脑α波功率百分比、皮电和心率。

（1）被试

30名大学生（男16名，女14名）作为有偿被试，自愿参加本实验。平均年龄：（M=20.11，SD= 1.21）。所有的被试视力或矫正视力正常，均为右利手且无精神疾病历史。该实验得到了西南大学道德与伦理委员会的批准。各组被试被随机分到实验组和控制组，其中实验组15人，控制组15人。

（2）程序

实验者给被试打好导电膏、安置好收集皮肤电和心率的传感器后，要求被试保持安静、闭眼坐在椅子上，尽量不移动头部，以减少头动和身体移动对脑电信号的影响。先收集五分钟脑电波，收集完后评价数据收集过程中的不耐烦程度。接着，所有被试参与虚拟的人事决策任务（DeVoe & Pfeffer, 2010）。要求被试根据雇员信息给一家虚拟公司的三个分公司（北京、上海、广州）做人事决策（辞退、提前退休、调动），并将结果以通知函的形式发给相关人员。该任务需要40分钟。时间金钱化组要对所花费的时间计费。每8分钟计一次费，填在桌面上的时间计费表相应位置。时间计费表最上面有费率（1.1元/分），由四栏组成，包括时间间隔（每8分钟一个间隔）、任务内容（人事决策或备忘录写作）、为某子公司（北京、上海或广州）所花费时间、该子公司需要支付报酬。最后，时间金钱化组被试要合计为每一子公司所花费时间和该公司需要支付的费用，同时要总计所花费时间和获得的报酬。为了使控制组任务与实验组任务更好匹配，控制组也需要对时间记录，填写时间记录表，但不需要对时间计费。时间记录表没有费率，由三栏组成，不包括子公司需要支付的报酬。最后，控制组需要合计为每一子公司所花费的时间和所花费的总时间。被试在单独的房间内完成，指导语以及时间提醒全部由 Eprim 程序控制。人员绩效资料打印在 A3 纸上，通知函被试要写在打印有抬头的 A4 纸上，提供纸质的时间记录表或计费表。人事决策任务后，告知被试实验已经完成，让他们帮忙收集一部分脑电数据（5 分钟），同样要求被试保持安静、闭眼坐在椅子上，尽量不移动头部。同时收集皮肤电和心率，收集完后，被试评价数据收集过程中的不耐烦程度。

实验结束，主试向被试解释实验过程及目的。

（3）测量

根据德沃和豪斯（2012）对不耐烦的测量，结合本实验情境，设计了四个题项：我认为刚才闭眼是在浪费我的时间；刚才闭眼，我感到不耐烦；刚才闭眼，我觉得是一种放松；我想着赶紧结束。1~7 评分，1 表示完全不符合，7 表示完全符合。本实验前测克隆巴赫 α 系数为 0.83，后测 α 为 0.73。

（4）脑电数据采集及分析

用 Brain Products 脑电采集系统进行数据记录，采用 64 导 SynArıps 放大器（放大倍数 500 倍）和 64 导电极帽记录，电极排列标准符合国际 10-20 系统。参考电极取头顶 Cz，接地电极为 GND 电极。滤波带通为 DC-100Hz，采样频率为 500Hz，头皮电阻小于 5KΩ，并同时记录水平眼电和垂直眼电。

连续记录脑电数据后进行离线分析，数字滤波为 0.1~48Hz，自动校正眨眼伪迹，波幅大于 +100μv 者在叠加中被自动剔除。考虑到 5 分钟闭眼收集数据过程中开始和结尾阶段的不稳定性，截取中间 3 分钟的数据段。根据卢英俊等人在两项脑电静息态研究中所采用的方法（卢英俊、戴丽丽、吴海珍、秦金亮，2012；卢英俊、吴海珍、钱靓、谢飞，2011），将这 3 分钟数据 5 等分（每段 36s），选取紧邻每个分界点前方的 8.192s 脑电，即 27.81~36s，63.81~72s，99.81~108s，135.81~144s，171.80~180s，总长约 41s。用快速傅里叶变换（4096 点 FFT）计算每一段的功率值，并进行平均，由此计算得到该被试 α 波（7.5~13.4Hz）的平均功率，然后取对数化简后用于后续分析。已有研究发现额叶 α 波功率的降低对应着个体的烦躁、不耐烦状态（Liu & Lo, 2006; 任俊、黄璐、张振新，2012）。因此，我们选出额叶的 4 个电极进行分析：Fp1，Fp2（前额）；Fc3，Fc4（后额）。最后对这 4 个电极点的功率值取平均。

第四章 时间金钱化影响利他行为的中介因素

（5）皮肤电和心率数据采集及分析

采用 SPIRIT-32 和 Biotrace+ 软件，进行生理记录和初步的数据处理，同时采集心率（HR）和皮电（SC）。采集到的上述信号实时显示到主试的电脑上。实验采用生物反馈记录仪（Spirit NeXus-10）来记录被试的生理指标。该设备能精确记录皮肤电（SCR）、心率（HR）、脑电（EEG）、眼动（EOG）、肌电（EMG）、缓慢皮层电位（SCP）和真实直流（DC）等指标。Spirit NeXus-10 提供 DC~800Hz（0dB）带宽，享有独立的高级前置放大技术，每通道 24 位 A/D 转换器和直流耦合放大器，由于系统使用活性炭屏蔽电缆，故运行干扰和噪音都非常低。该仪器通过蓝牙将数据上传至电脑主机，主试通过电能能检测被试各项指标的实时变化。

皮肤电：用 NX-GSR1A 传感器，两个电极分别贴在被试左手食指和无名指的指腹，松紧适度，既不感觉紧，以防影响供血，也要使之紧贴被试皮肤。传感器连接前用 75% 的医用酒精清洁局部皮肤，并起到清除皮脂的目的。

心率：采用 NX-BVP1A 传感器，将其置于被试的左手中指指腹，该传感器测量的是血液流量。每次心跳过程中，当血流量最大，血容量信号也就最强。根据这一信号，可以计算出心率。告知被试这些传感器不会引起任何痛苦，提醒被试闭眼过程尽可能保持身体不动。

首先利用 Biotrace+ 软件，导出每个被试的皮电和心率指标数据，利用 excel 整理后，导入 SPSS 进行分析。

3. 结果与分析

（1）不耐烦程度

时间金钱化条件和控制条件下，被试前后测不耐烦程度见表 4-3。

表 4-3　实验组和控制组被试前测后测不耐烦程度

	时间金钱化组 $M(SD)$	控制组 $M(SD)$
前测	2.70（1.12）	2.40（0.86）
后测	3.45（0.94）	2.77（0.83）

将前测不耐烦程度作为协变量，以时间金钱化为自变量进行协方差分析。斜率同质性检验结果表明，前测与实验处理之间的交互作用不显著，$F(1, 26)=0.70$，$p>0.1$，可以采用协方差分析。协方差分析结果表明，与控制组被试（$M=2.77$，$SD=0.83$）相比，时间金钱化组被试更不耐烦（$M=3.45$，$SD=0.94$），$F(1, 27)=4.54$，$p<0.05$，$\eta^2=0.14$。

（2）α 波

从 α 波功率值和功率百分比两个指标探讨时间金钱化对脑电的影响。

α波功率值。将前测α波功率值作为协变量,以时间金钱化为自变量进行协方差分析。斜率同质性检验结果表明,前测与实验处理之间的交互作用不显著,$F(1, 26)=0.50$,$p>0.1$,可以采用协方差分析。协方差分析结果表明,与控制组被试($M=-0.57$,$SD=0.16$)相比,时间金钱化组被试额叶α波功率更低($M=-0.83$,$SD=0.24$),$F(1, 27)=28.03$,$p<0.001$,$\eta^2=0.51$。

α波功率百分比(Pct)。将α波功率值代入下面公式,可以得到α波功率占所有脑波总功率的百分比。

α波功率百分比:$pct(\alpha)=\dfrac{PS(\alpha)}{PS(\alpha)+PS(\beta)+PS(\theta)+PS(\delta)}$,其中$PS(\alpha)$、$PS(\beta)$、$PS(\theta)$和、$PS(\delta)$分别代表α、β、θ、δ波的功率值。不同实验条件下各个频段脑电功率谱见表4-4。

表4-4 不同实验条件下各个频段脑电功率谱($\mu V2$)

	前测		后测	
	控制组	时间金钱化组	控制组	时间金钱化组
α	0.15 ± 0.09	0.30 ± 0.29	0.15 ± 0.12	0.33 ± 0.31
β	0.02 ± 0.01	0.03 ± 0.02	0.03 ± 0.02	0.03 ± 0.01
θ	0.13 ± 0.08	0.20 ± 0.29	0.12 ± 0.09	0.14 ± 0.09
δ	1.51 ± 1.52	1.51 ± 1.71	2.21 ± 3.10	1.16 ± 1.21

将前测α波功率百分比作为协变量,以时间金钱化为自变量进行协方差分析。斜率同质性检验结果表明,前测与实验处理

之间的交互作用不显著，$F(1, 26)=0.07$，$p>0.1$，可以采用协方差分析。协方差分析结果表明，与控制组被试（$M=0.23$，$SD=0.10$）相比，时间金钱化组被试额叶 α 波功率百分比更低（$M=-0.16$，$SD=0.09$），$F(1, 27)=10.23$，$p<0.01$，$\eta^2=0.28$。

α 功率值和 α 功率百分比与个体的平静、不耐烦程度显著相关。两者越高，表明个体越不平静、不耐烦（Takahashi, et al., 2005；任俊、黄璐、张振新, 2012；卢英俊、戴丽丽、吴海珍、秦金亮, 2012）。因此，与控制组相比，时间金钱化组被试在参与利他行为过程中更不平静、不耐烦。

（3）皮肤电

一个被试皮肤电数据记录有问题，删除，剩 29 个被试。

因为皮肤电存在性别差异（Hoffman, 1977; Kopacz & Smith, 1971），将性别也作为协变量纳入分析。将前测皮电和性别作为协变量，以时间金钱化为自变量进行协方差分析。斜率同质性检验结果表明，前测与实验处理之间的交互作用不显著，$F(1, 23)=0.61$，$p>0.1$；性别与实验处理之间的交互作用也不显著，$F(1, 23)=1.83$，$p>0.1$，可以采用协方差分析。协方差分析结果表明，与控制组被试（$M=2.36$，$SD=1.36$）相比，时间金钱化组被试皮肤电反应值更大（$M=2.74$，$SD=1.45$），$F(1, 25)=5.04$，$p<0.05$，$\eta^2=0.17$。

因为个体情绪平静时汗腺分泌减少，皮肤导电性降低，引起皮电降低（Bradley, et al., 2008; Breimhorst, et al., 2011; Maltzman, et al., 1979）。所以，与控制组相比，时间金钱化组被试在参与利他行为过程中，皮肤电流更大，这表明他们更不平静、不耐烦。

（4）心率

因为心率存在性别差异（Hoffman, 1977；吴杰 et al., 2001），将性别也作为协变量纳入分析。将前测心率和性别作为协变量，以时间金钱化为自变量进行协方差分析。斜率同质性检验结果表明，前测与实验处理之间的交互作用不显著，$F(1, 24)=0.02$，$p>0.1$；性别与实验处理之间的交互作用也不显著，$F(1, 24)=0.05$，$p>0.1$，可以采用协方差分析。协方差分析结果表明，与控制组被试（$M=77.35$，$SD=9.00$）相比，时间金钱化组被试心率更快（$M=82.15$，$SD=9.46$），$F(1, 26)=4.04$，$p<0.05$，$\eta^2=0.13$。

因为在安静放松时心率减缓，情绪烦躁时心率加快（张文彩、吕新湖、闫克乐、唐一源，2005）。所以，与控制组相比，时间金钱化组被试在参与利他行为过程中，心跳更快，这表明他们更不平静、不耐烦。

（四）讨论

这三个实验为时间金钱化激活经济效用心理定式的假设提

供了证据。与控制组相比,将金钱价格赋予时间之上的个体更追求经济效用最大化的目标。个体对时间的分配反映了经济效用心理定式程度。实验3a以时间分配为因变量,考察时间金钱化效用。结果表明,与控制组相比,时间金钱化组被试分配更多时间到"有用"的学习工作上,分配更少时间到"无用"的休闲娱乐上。实验3b以实用品享乐品选择为经济效用心理定式的行为表现,考察时间金钱化对决策的影响。结果证明,时间金钱化条件下的个体更倾向于选择实用品而不是享乐品。实验3c以电生理学数据为因变量,考察时间金钱化操纵对脑电α波、皮肤电反应和心率的影响。时间金钱化激活了经济效用心理定式,这使得个体在参与缺乏效用的利他行为时,更不耐烦、更不平静。

二、经济效用心理定式在时间金钱化影响利他行为中的中介作用(实验4)

本实验通过自编问卷测量经济效用心理定式,进一步探讨经济效用心理定式在时间金钱化与利他行为关系中的中介作用。

中介效应是指变量间的影响关系(X→Y)不是直接的因果链关系而是通过一个或一个以上变量(M)的间接影响产生的,此时我们称M为中介变量,而X通过M对Y产生的间接影响称为中介效应。以简单的三变量为例,假设所有变量都已经

中心化,则中介关系可以通过回归方程表示如下:

$Y=cX+e_1$ (1)

$M=aX+e_2$ (2)

$Y=cX+bM+e_3$ (3)

对中介效应的检验采用温忠麟和叶宝娟(2014)提出的方法,整个检验程序如图4-3。

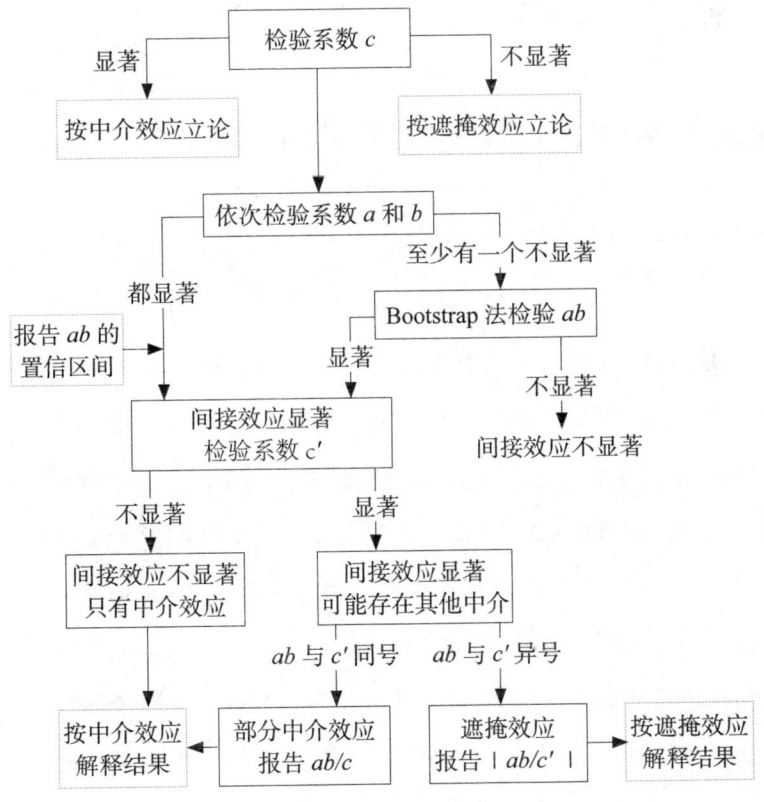

图4-3 中介效应检验程序(温忠麟、叶宝娟,2014)

(一)目的

考察经济效用心理定式在时间金钱化影响利他行为中的中介作用。

(二)方法

1. 被试

在校大学生118人(男51人),平均年龄20.88岁($SD=1.56$)。各组被试被随机分到实验组和控制组,其中实验组56人,控制组62人。

2. 程序

进入实验室,被试填写登记表。接着,所有被试参与虚拟的人事决策任务(DeVoe & Pfeffer, 2010)。要求被试根据雇员信息给一家虚拟公司的三个分公司(北京、上海、广州)做人事决策(辞退、提前退休、调动),并将结果以信件的形式发给相关人员。该任务需要32分钟。实验组和控制组每隔8分钟都要做时间记录,记录在过去的8分钟内所做的事情和为各分公司所花费的时间。两者唯一的不同是实验组在参与人事决策的同时,要对所花费的时间计费。每8分钟计一次费,填在桌面上的时间计费表相应位置。时间计费表最上面有费率(2.1元/分钟),由四栏组成，包括时间间隔（每 8 分钟一个间隔）、任务内容（人事决策或备忘录写作）、为某子公司（北京、上海或广州）所花费时间、该子公司需要支付报酬。最后，时间金钱化组被试要合计为每一子公司所花费时间和该公司需要支付的费用，同时要总计所花费时间和获得的报酬。控制组则不需要对时间计费。被试在单独的房间内完成，指导语以及时间提醒全部由 Eprim 程序控制。人员绩效资料打印在 A3 纸上，通知函被试要写在打印有抬头的 A4 纸上，提供纸质的时间计费表。完成人事决策任务后，然后所有被试完成《经济效用心理定式问卷》和并阅读"在本研究之外，我们想请你帮助我们整理一些实验材料。这些材料是为其他研究做准备用的。如果有空闲，你愿意用多少时间帮我们整理材料？"在 1（0 分钟）到 8（30 分钟）之间做选择。

3．测量

根据对经济效用心理定式的含义和相关研究，自编针对本实验情景的经济效用心理定式问卷，该问卷由五个题项组成："对于学习和娱乐，我会花更多时间在学习上"；"对同等价格的一盒巧克力和牙膏，我会选择牙膏"；"我想尽快完成这个实验"；"朋友要有用才好"；"我想用更高效的去污产品"。1~7 评分，1 表示很不符合，7 表示很符合。问卷得分代表经济效用心理定式程度高低。该问卷在本实验中的内部一致性系数 $\alpha=0.68$。

(三) 结果与分析

1. 经济效用心理定式

时间金钱化组被试和控制组被试的经济效用心理定式得分见图4-4。

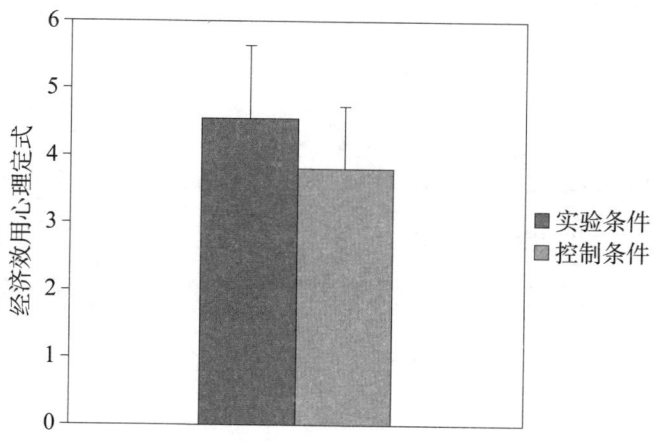

图4-4 实验条件和控制条件下的经济效用心理定式得分

以经济效用心理定式为因变量,以时间金钱化为自变量进行独立样本 t 检验。结果表明,与控制组被试($M=3.82$,$SD=0.92$)相比,时间金钱化组被试的经济效用心理定式得分($M=4.56$,$SD=1.07$)更高,$t(116)=4.09$,$p<0.001$,$Cohen's\ d=0.75$。这与研究二的结果一致,时间金钱化激活了经济效用心理定式。

2. 中介效应检验

首先,将自变量实验分组(X)、中介变量经济效用心理定式(M)、因变量利他行为(Y)对应的潜变量的项目得分合并取均值并中心化。接着,根据温忠麟等(2014)提出的中介效应检验程序进行检验。经济效用心理定式(M)的中介效应分析结果见表4-5,其中的结果是标准化解,用小写字母代表相应变量的标准化变量。

表4-5 经济效用心理定式(m)的中介效应检验

	标准化回归方程	回归系数检验
第一步	$y=-0.24x$	$SE=0.090$,$t=-2.70^{**}$
第二步	$m=0.35x$	$SE=0.087$,$t=4.09^{***}$
第三步	$y=-0.3m$	$SE=0.092$,$t=-3.64^{***}$
	$-0.16x$	$SE=0.092$,$t=-1.92^{**}$

注:SE 表示标准误。$^{**}p<0.01$,$^{***}p<0.001$。

可以看出,经济效用心理定式在时间金钱化影响利他行为中起中介作用,结果支持中介作用假设。首先将时间金钱化纳入回归模型时,时间金钱化对利他行为的预测力显著;当将时间金钱化、经济效用心理定式同时纳入回归模型时,时间金钱化对利他行为的预测指数显著下降,由原来的 0.24 下降到 0.16,中介效应占总效应的比例为 $ab/c=0.35×0.33/0.24=48.13\%$。由此,可以得到中介模型，如图 4-5。

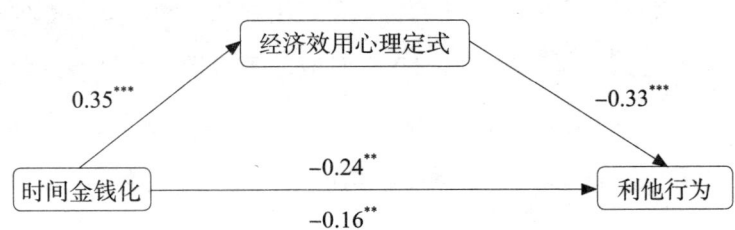

图 4-5 经济效用心理定式的中介效应图

注：**p<0.01，***p<0.001。

第五章　人格差异在时间金钱化影响利他行为中的调节作用

时间金钱化与利他行为的关系并不是一对一的关系，它可能受到其他因素的影响，比如，一个超越自我中心的个体，与他人有紧密联系的感知，具有利他的心理倾向（Dambrun & Ricard, 2011），他们更不容易陷入经济效用心理定式，利他行为可能受时间金钱化的影响很小。为了更深入理解时间金钱化影响利他行为的心理机制——经济效用心理定式理论，研究三考察物质主义价值观和超越自我中心的调节作用。

一、物质主义价值观在时间金钱化影响利他行为中的调节作用（实验5）

高程度的物质主义者倾向于将自我与金钱联系起来

(Mogilner & Aaker, 2009),物质主义价值观可能与效用最大化的心理定式有关。物质主义是一种强调拥有物质财富对于个人生活重要性的价值观念,它包括三个层面的含义:把获取财物作为生活的中心目标、通过获取财物来追求幸福、用拥有财物的数量和质量来衡量自己和他人的成功(Richins, 2004)。物质主义者往往是自我中心和自私的,不重视人际关系,更少花时间与家人在一起,更少的慈善捐赠(Kasser & Sheldon, 2002; Richins & Dawson, 1992; Roberts & Clement, 2007; Solberg, Diener, & Robinson, 2004)。因此,我们认为,物质主义价值观与经济效用心理定式有着紧密联系,高物质主义者更可能处于效用最大化的心理定式,物质主义价值观可能在时间金钱化和利他行为关系中起调节作用。持低物质主义价值观的个体,他们不看重经济上的成功,更关注内在需要(胜任、自主、关系需要)的满足(Kasser & Ryan, 1993)。在我们看来,持低物质主义价值观的个体很难处于经济效用心理定式,时间金钱化也可能不影响他们的利他行为。另外,我们预期高物质主义者已经习惯于效用最大化的心理定式,倾向于依据效用最大化原则做决策,他们可能不受时间金钱化的影响。而对处于两者之间的个体,他们更可能受时间金钱化的影响。因为他们在日常生活中既不习惯于依据效用最大化原则做决策,也不像持低物质主义价值观的个体很难处于经济效用心理定式,当时间的金钱价值凸显,他们亲社会程度可能会受到影响。所以,我们预期物质主义价值观在时间金钱化和利他行为关系中起调节作用。

（一）目的

考察物质主义价值观在时间金钱化影响利他行为中的调节作用。

（二）方法

本研究采用2（实验操纵：时间金钱化组和非时间金钱化组）×3（物质主义价值观：高、中和低物质主义价值观）的完全随机实验设计。因变量包括时间利他和金钱利他。

1. 被试

根据两阶段极端组设计的程序（Preacher, Rucker, MacCallum, & Nicewander, 2005），实验前一周，553名大学生（236男；年龄$M=20.4$，$SD=1.6$）完成物质主义价值观量表（material values scale, MVS）（Richins & Dawson, 1992）中文修订版（李静，郭永玉，2009）。这些问卷得分用来为第二阶段的实验选择被试。从中选择99名被试，男42人，女57人，年龄$M=20.3$岁，$SD=2.1$。其中，高分组33人（15男18女；$M=46.22$，$SD=2.54$），低分组30人（13男17女；$M=34.57$，$SD=0.82$），中间组36人

（14男22女；$M=24.82$，$SD=2.56$）。各组被试被随机分到实验组（即时间金钱化组）和控制组。

2. 程序

进入实验室，被试填写登记表。接着，所有被试参与虚拟的人事决策任务（DeVoe & Pfeffer, 2010）。要求被试根据雇员信息给一家虚拟公司的三个分公司（北京、上海、广州）做人事决策（辞退、提前退休、调动），并将结果以信件的形式发给相关人员。该任务需要40分钟。实验组和控制组唯一的不同是在参与人事决策的同时，要对所花费的时间计费。每10分钟计一次费，填在桌面上的时间计费表相应位置。时间计费表最上面有费率（0.8元/分），由四栏组成，包括时间间隔（每10分钟一个间隔）、任务内容（人事决策或备忘录写作）、为某子公司（北京、上海或广州）所花费时间、该子公司需要支付报酬。最后，时间金钱化组被试要合计为每一子公司所花费时间和该公司需要支付的费用，同时要总计所花费时间和获得的报酬。控制组则不需要对时间计费。被试在单独的房间内完成，人员绩效资料保存在电脑上，邮件被试要打在一个已经打开的word文件上。电脑上提供计时器和计算器。完成人事决策任务后，被试评价此刻的疲劳程度和情绪状态。接着，被试完成时间利他和金钱利他的调查。最后评价被监控感并回答实验排查问题。

第五章 人格差异在时间金钱化影响利他行为中的调节作用

实验结束,主试向被试解释实验过程及目的。

3. 测量

物质主义价值观量表(Richins & Dawson,1992;李静、郭永玉,2009)。该量表由瑞金斯(Richins)和道森(Dawson)于1992年编制完成,包括以获取财物为中心、通过获取财物追求幸福、以财务定义成功三个维度,共18个项目,采用Likert 5点量表计分,从"很不同意"到"非常同意"(Richins & Dawson, 1992)。瑞金斯(2004)对44篇文献的元分析发现,物质主义价值观总量表α系数范围为0.77~0.88,平均0.85,各分量表的评价α系数为0.73、0.75、0.77(Richins, 2004)。本研究采用的物质主义价值观中文修订版,共13个项目,有良好的信效度(李静、郭永玉,2009)。本研究该量表α系数为0.76,各分量表的评价α系数为0.69、0.71、0.72。

时间利他。时间利他测量修改自加西亚等人(Garcia, Weaver, Moskowitz, & Darley, 2002)的研究。被试阅读"在本研究之外,我们想请你帮助我们整理一些实验材料。这些材料是为其他研究做准备用的。如果有空闲,你愿意用多少时间帮我们整理材料?"在1(0分钟)到8(30分钟)之间做选择。

金钱利他。金钱利他在加西亚(Garcia)等人(2002)研究基础上修改。被试阅读"社会上有许多人因慈善事业的帮助而获得了更好的生存状态。现在，想象你已经从学校毕业，并且工作许多年了，你的经济收入处于一个比较理想的水平。你愿意把你每年收入的多大比例捐献给你信任的慈善组织呢？"被试在1（1‰或更少）到8（25‰以上）之间做选择。

疲劳程度和被监控感。与控制组相比，实验组被试要进行时间计费任务，时间计费任务中要描述时间花在哪里，这可能造成实验组被试更疲劳和有一种被监控的感觉（DeVoe & Pfeffer, 2010）。如果真的如此，实验结果差异的解释可能就不能用经济效用心理定式来解释。因此，被试要做两个评价："请评价你现在的疲劳程度"，1~7评分，1表示很累，7表示精神很好；"刚才的实验过程中，你是否有被监控的感觉"，1~7评分，1表示一点也没有，7表示有很强的被监控感。

情绪。情绪与利他行为有紧密的关系（Twenge, Baumeister, DeWall, Ciarocco, & Bartels, 2007; Vohs, et al., 2006）。为了考察实验组和控制组的情绪是否有显著差异，所有被试阅读"请评价你此刻的心情"，1~7评分，1表示很差，7表示很好。

排查问题。为了考察被试是否猜测到研究目的而影响到选择，被试要纸笔回答下面两个问题：一是被试回答"本研究的目的是什么？它是研究什么的？"；二是回答"你在完成后面的利他意愿调查时，是否受到了前面人事决策任务的影响？（如果是，请写出是如何影响的）"排查结果显示，没有被试猜出研究目的。

（三）结果与分析

不同实验条件下被试金钱利他、时间利他、疲劳程度、被监控感和情绪感受的描述统计结果见表5-1。

表5-1 不同条件下金钱利他、
时间利他、疲劳程度、被监控感和情绪感受结果

	控制组 M（SD）	时间金钱化组 M（SD）
时间利他	5.62（1.59）	4.98（1.58）
金钱利他	4.40（1.67）	3.73（1.72）
疲劳程度	4.60（1.40）	4.78（1.10）
被监控感	1.58（0.88）	1.59（1.08）
情绪感受	4.82（1.32）	4.71（1.10）

1. 情绪状态、疲劳程度和被监控感

为了排除对时间金钱化影响利他行为的可能解释，我们对情绪、疲劳程度和被监控感做了方差分析。首先对被试情绪进行两因素方差分析，结果表明，交互作用不显著 F（2, 93）=1.86, $p>0.1$；实验操纵主效应不显著 F（1, 93）=0.28，$p>0.5$；物质主义价值观主效应不显著 F（2, 93）=0.98，$p>0.1$。对疲劳程度来说，交互作用不显著 F（2, 93）=2.31，$p>0.1$；实验操纵主效应不显著

$F(1,93)=0.41$,$p>0.5$;物质主义价值观主效应不显著$F(2,93)=0.98$,$p>0.1$。对被监控感来说,交互作用不显著$F(2,93)=0.11$,$p>0.5$;实验操纵主效应不显著$F(1,93)=0.00$,$p>0.5$;物质主义价值观主效应不显著$F(2,93)=0.23$,$p>0.5$。因此,实验组和控制组在情绪、疲劳程度和被监控感上没有差异。

2. 时间利他

对时间利他进行两因素方差分析。结果表明,实验操纵主效应显著,与控制组($M=5.62$,$SD=1.59$)相比,时间金钱化组被试花费更少时间($M=4.98$,$SD=1.58$)帮助他人,$F(1,93)=8.42$,$p<0.001$,$\eta^2=0.083$。物质主义价值观主效应显著,$F(2,93)=28.18$,$p<0.001$,$\eta^2=0.377$。

物质主义价值观分组和实验操纵交互作用显著,$F(2,93)=3.30$,$p<0.05$,$\eta^2=0.066$。进一步的简单效应分析表明,实验操纵只有在中等水平物质主义价值观上效应显著,$F(1,93)=12.53$,$p<0.01$,$\eta^2=0.12$。对低物质主义者$F(1,93)=1.43$,$p>0.1$和高物质主义者$F(1,93)=0.18$,$p>0.5$,实验操纵主效应不显著。这与我们的假设一致。

另外,物质主义价值观分组在控制组上简单效应显著,$F(2,93)=15.18$,$p<0.001$,$\eta^2=0.25$。事后多重比较发现,低分组时间利他程度($M=6.88$,$SD=1.03$)高于中间组($M=5.63$,

SD=1.09）（p<0.05）和高分组（M=4.50，SD=1.58）（p< 0.001），中间组高于高分组（p<0.05）。在时间金钱化分组上简单效应显著，F（2, 93）=16.10，p<0.001，η^2=0.26。事后多重比较发现，低分组时间利他程度（M=6.35，SD=1.00）高于中间组（M=4.00，SD=0.88）（p<0.001）和高分组（M=4.44，SD=1.62）（p<0.001），中间组与高分组没有差异（p>0.05）。结果见图 5-1。

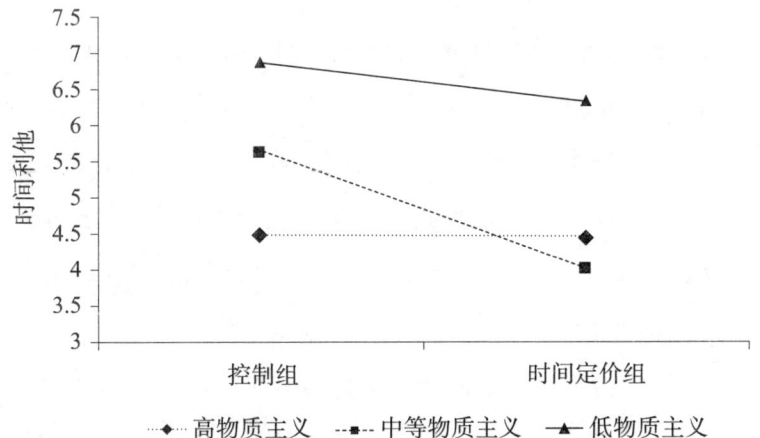

图 5-1　时间金钱化对时间利他的影响及物质主义价值观的调节作用

由图 5-1 可以看出，对持高、低水平物质主义价值观的个体，时间金钱化操纵对个体的时间利他没有显著影响；但对持中等水平物质主义价值观的个体，时间金钱化削弱了个体的时间利他行为。

3. 金钱利他

对金钱利他进行两因素方差分析。结果表明，实验操纵主效应显著，与控制组（$M=4.40$，$SD=1.67$）相比，时间金钱化组被试花费更少时间（$M=3.73$，$SD=1.72$）帮助他人，$F(1, 93)=9.79$，$p<0.01$，$\eta^2=0.095$。物质主义价值观主效应显著，$F(2, 93)=5.32$，$p<0.001$，$\eta^2=0.52$。

物质主义价值观分组和实验操纵交互作用显著，$F(2, 93)=3.22$，$p<0.05$，$\eta^2=0.07$。进一步的简单效应分析表明，实验操纵只有在中等水平物质主义价值观上效应显著，$F(1, 93)=14.08$，$p<0.001$，$\eta^2=0.13$。对低物质主义者 $F(1, 93)=0.47$，$p>0.5$ 和高物质主义者 $F(1, 93)=0.72$，$p>0.1$，实验操纵主效应不显著。这与我们的假设一致。

另外，物质主义价值观分组在控制组上简单效应显著，$F(2, 93)=24.77$，$p<0.001$，$\eta^2=0.35$。事后多重比较发现，低分组金钱利他程度（$M=5.75$，$SD=1.39$）高于中间组（$M=4.69$，$SD=0.95$）（$p<0.05$）和高分组（$M=2.94$，$SD=1.21$）（$p<0.001$），中间组高于高分组（$p<0.05$）。结果见图5-2。

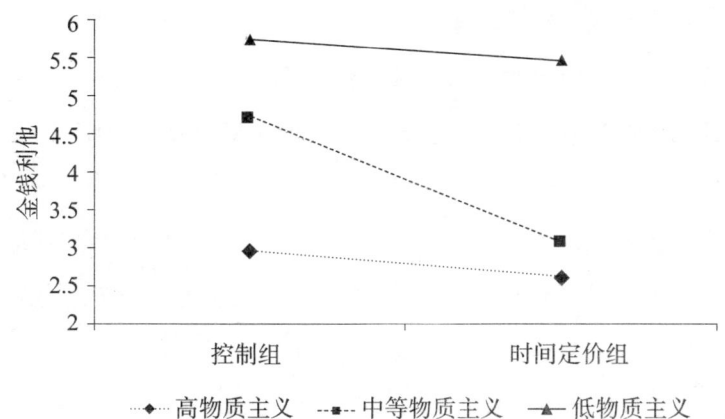

图 5-2 时间金钱化对金钱利他的影响及物质主义价值观的调节作用

由图 5-2 可以看出，对持高、低水平物质主义价值观的个体，时间金钱化操纵对个体的金钱利他没有显著影响；但对持中等水平物质主义价值观的个体，时间金钱化削弱了个体的金钱利他行为。

二、超越自我中心在时间金钱化影响利他行为中的调节作用（实验6）

自我中心的心理机能是以自我为中心参考点，具有夸大的自我重要感，存在自利偏差。自我中心结构是一个具有清晰界限的独立存在体，它独立于环境，与环境有明确的界限。而超越自我中心具有低水平的自我中心（参考点）和未夸大的自我重要感，具有利他、友善、尊敬、同情以及追求和谐的心理特征。超越自我中心结构与他人、环境没有清晰的界限，与他人和环境中的其他事物有紧密联系的感知（Dambrun & Ricard, 2011）。从上面超越自我中心的描述中，我们可以得出，超越自我中心与利他行为有紧密的联系，超越自我中心的个体更频繁地参与利他行为。对于不同水平超越自我中心的个体，时间金钱化对利他行为的影响会发生怎样的变化，这是本实验关注的问题。

（一）目的

考察超越自我中心在时间金钱化影响利他行为中的调节作用。

（二）方法

1. 被试

通过专业调查网站问卷星有偿服务，在网络里招募已参加工作一年以上的被试。基于 IP 地址，排除部分重复问卷，又删除了不认真作答的问卷，最后有效被试 160 人（男 74 人），平均年龄 32.65 岁（$SD=8.42$）。

2. 程序

首先，被试根据此刻时间的分钟数尾数进行选择，偶数分

第五章　人格差异在时间金钱化影响利他行为中的调节作用

到时间金钱化组（77人），奇数则分到控制组（83人），这样达到随机分配被试的目的。接着，进行时间金钱化组和控制组的操纵，该操纵改编自德沃和豪斯（2012）的研究。时间金钱化组被试回答与工作有关的三个问题：过去的一年工作了多少周？每周工作多少个小时？年收入大约多少？回答完这三个问题后，被试计算他们的小时工资。计算完成后，提示该结果是被试的近似小时工资。另一组是控制组，他们不需要计算自己的小时工资，做无意义的与实验组被试类似的数学计算，即"在空白处填入一个六位数"，"填入两个不同的两位数"，"将这两个两位数相乘再去除前面的六位数"。接着所有被试完成网络利他行为的调查和《自我超越生命意义量表》。

3. 测量

网络利他行为。被试阅读"中国社会科学院农村发展研究所的于建嵘教授在网上开设'随手拍解救乞讨儿童'微博，旨在用微博这个平台，借助网友的力量，帮助丢失孩子的父母找回被拐的儿童。你是否愿意参与？"在1（非常不愿意）到7（非常愿意）之间做选择。

自我超越生命意义量表（Self-transcendence Meaning of Life Scale, SMLS）。该量表由李虹编制，由8个测量题目组成，用于测量超越自我中心程度。已有研究表明，该量表具有良好的信效度（李虹，2006）。量表在本研究中内部一致性系数 α=0.841。

（三）结果与分析

本实验中，自变量是类别变量，调节变量为连续变量。这种类型调节效应分析需要对分类自变量进行伪变量转换，将自变量和调节变量中心化（计算变量离均差），然后做层次回归分析（温忠麟、侯杰泰、张雷，2005）。

回归分析结果（见表5-2）显示，利他程度对"超越自我中心 × 实验操纵"这一交互项的回归系数显著，β=-0.17，t=-2.09，p<0.05。所以超越自我中心对时间金钱化与利他行为的关系具有显著的调节作用。

表5-2 超越自我中心在时间金钱化与利他行为关系中调节效应检验

变量及步骤	R^2	ΔR^2	β	t	ΔF
第一步（Enter）					
超越自我中心			0.30	4.09***	
实验操纵	0.15	0.15	0.21	3.05**	13.33***
第二步（Enter）					
超越自我中心 × 实验操纵	0.17	0.02	−0.17	−2.09*	4.38*

注：***p<0.001，**p<0.01，*p<0.05。

为了更直观地表明超越自我中心对时间金钱化与利他行为

关系的调节作用，我们将超越自我中心分为低分组（低一个标准差）和高分组（高一个标准差）两个水平组（曹晓君、陈旭、刘庆英、罗乐，2012），呈现不同超越自我中心水平下时间金钱化对利他行为的影响效应，结果见图5-3。

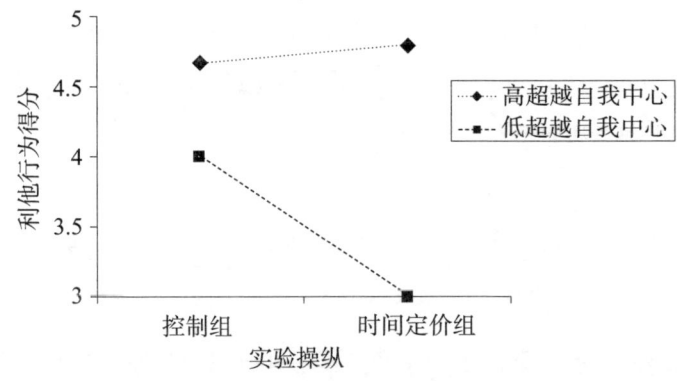

图5-3 超越自我中心对时间金钱化与利他行为关系的调节作用图

由图5-3可以看出，在高超越自我中心组，时间金钱化操纵对个体的利他程度没有显著影响；但在低超越自我中心组，时间金钱化削弱了个体的亲社会程度。

三、讨论

从物质主义价值观分组之间的比较来看，对没有经过时间金钱化的控制组被试来说，高物质主义者的时间和金钱利他程度都低于中等和低物质主义者，中等水平物质主义者比低物质主义者更不愿意帮助他人。这与我们的假设一致，物质主义价值观与效用最大化的心理定式紧密相关。物质主义程度越高，越可能处于经济效用心理定式，追求以经济回报为代表的外在效用的最大化。因为亲社会活动本身不存在外在效用（Penner, Dovidio, Piliavin, & Schroeder, 2005），所以高物质主义者不愿意参与亲社会活动。

物质主义价值观分组和实验操纵之间的交互作用显著表明，物质主义是时间金钱化和利他行为关系中的一个重要调节变量。虽然时间金钱化可能激活经济效用心理定式，但是对高物质主义者和低物质主义者来说，时间金钱化对他们的利他行为并没有影响。而对中等水平的物质主义者来说，时间金钱化削弱了他们的亲社会倾向，使得个体更不愿意帮助他人，不管是付出时间还是金钱。由此可见，高物质主义者总是根据效用最大化的原则进行决策，时间金钱化与否对他们没有影响。相反，持低物质主义价值观的个体更看重个体内在的成长需要（Kasser & Ryan, 1993），他们很少采用经济效用心理定式原则做决策，利他行为不容易受时间金钱化的影响。然而，处于两者之间的个体对时间金钱化非常敏感。总之，时间金钱化不仅仅影响时间利他，也影响金钱利他。时间金钱化可能激活了经济效用最大化的心理定式，物质主义价值观在时间金钱化对利他行为的影响中起调节作用。

第五章　人格差异在时间金钱化影响利他行为中的调节作用

实验 6 探讨超越自我中心对时间金钱化与利他行为关系的调节作用，时间金钱化影响低超越自我中心个体的利他行为，而对高超越自我中心个体利他行为没有影响。

第六章 结论

一、总的讨论

时间和金钱是人类的两种最重要的资源，两者之间相似性和差异性共存。随着技术革命和经济的发展，社会组织越来越追求效率，越来越倾向于用金钱来衡量时间的价值，进而削弱时间本身所具有的意义。时间金钱化对人们生活的影响逐渐凸显出来（Evans & Barley, 2004），一些研究者开始关注时间金钱化对利他行为的影响（DeVoe & House, 2012; DeVoe, et al., 2010）。本书在已有研究基础上，用三个研究探讨了时间金钱化对利他行为的影响及其心理机制。

（一）时间金钱化激活经济效用心理定式

研究一考察了时间金钱化对时间利他和金钱利他的影响。

实验1结果与德沃等人的研究结果一致：与控制组被试相比，经过时间金钱化操纵的个体花更少的时间帮助他人。但是，时间金钱化对利他行为的影响不仅仅局限于以时间为成本的利他行为，它也影响个体的金钱利他。实验2a和实验2b的研究结果支持了这个假设。结果表明，不管是对在校大学生和已经工作的个体，经过时间金钱化的个体都更不愿意参与金钱利他行为。

时间金钱化之所以削弱个体的利他行为，可能是由于时间金钱化激活了经济效用心理定式。经济效用心理定式也有量的差异，如果个体以经济效用最大化为目标，那么在这种心理定式下的个体更关注事物或行为的经济实用性。当经济效用最大化的目标受到阻碍时，个体会产生不耐烦的情绪。时间金钱化可能激活了以经济效用最大化为目标的心理定式，使个体不愿意参与缺乏经济效用的利他行为。研究二证明了这一点。研究二首先考察经济效用心理定式的表现，接着检验经济效用心理定式在时间金钱化影响利他行为中的中介作用。实验3a、3b分别选择时间分配和实用品享乐品选择作为经济效用心理定式的行为表现，实验3c考察经济效用心理定式的电生理学表现。结果表明，与控制组相比，时间金钱化组被试分配更多时间在学习工作等具有高经济效用的活动上，分配更少时间在休闲娱乐等具有低经济效用的活动上；时间金钱化使个体在实用品和享乐品选择中更倾向于选择实用品作为奖励；时间金钱化使个体在参与利他行为时大脑

第六章 结论

α功率值和α功率百分比更高、心率更快、皮肤电流更大,个体更不平静、不耐烦。实验4考察经济效用心理定式的中介作用,结果表明,时间金钱化通过经济效用心理定式影响个体的利他行为,经济效用心理定式在其中起部分中介作用。

与金钱相比,时间更具有模糊性和不确定性(Okada & Hoch, 2004)。时间的含义是多样化的,它既包含经济效用成分(如花时间去赚钱),也包含个人经历中的情感成分(如花时间和家人朋友在一起)。对于时间的构成,马克思曾指出,人类社会生活的整个过程,由劳动时间和非劳动时间构成。而作为人类为了维持生存和自身再生产需要而进行物质资料生产所耗费的劳动时间,又由必要劳动时间、剩余劳动时间所构成;非劳动时间则由非自由支配时间(如饮食睡眠时间)和自由支配时间(即自由时间)构成(马克思、恩格斯,1974)。其中,最能体现时间含义丰富性的是自由时间,它直接用于发展人的诸种本质力量,其中包括接受教育、发展智力、履行社会职能、从事社交活动以及自由运用体力和智力从事科学和艺术等创造性活动的时间等(黄秋生,2009)。时间金钱化使得时间价值金钱化,导致个体更倾向于将时间看作金钱(Pfeffer & DeVoe, 2012),这样就窄化了时间的含义。马克斯·韦伯(2007)认为"时间就是金钱"的观点会造成一种转变,就是使用时间来获得利润会终结时间,消弭时间本身所具有的丰富含义。金钱与经济效用联系在一起,金钱启动会激活经济效用心理定式（Liu & Aaker, 2008）。因此，虽然时间金钱化可能同时启动时间和金钱两个概念（Dijksterhuis & Bargh, 2001; Fitzsimons, Chartrand, & Fitzsimons, 2008），但起主导作用的是金钱激活的经济效用心理定式。

（二）人格差异在时间金钱化影响利他行为中的调节作用

时间金钱化与利他行为的关系是很复杂的，这其中是否受到其他因素的影响呢？它可能受到人格差异的影响，比如价值观、自我观、信念、性格等。研究三考察物质主义价值观和超越自我中心在时间金钱化与利他行为关系中的调节作用。

实验 5 的结果表明，物质主义价值观是时间金钱化和利他行为关系中的一个重要调节变量。对在物质主义价值观量表上得分极高和极低的个体来说，时间金钱化对他们的利他行为并没有影响。而对中等水平的物质主义者，时间金钱化削弱了他们的亲社会倾向，使得个体更不愿意帮助他人，不管是付出时间还是付出金钱。高物质主义者倾向于将自我与金钱联系起来（Mogilner & Aaker, 2009），强调拥有物质财富对于个人生活的重要性，不重视人际关系，更少花时间与家人在一起，更少的慈善捐赠（Kasser & Sheldon, 2002; Richins & Dawson, 1992; Roberts & Clement, 2007; Solberg, Diener, & Robinson, 2004）。也就是说，物质主义价值观与经济效用心理定式关系紧密，高物质主义者心里可能已充满了经济效用最大化的心理定式。他们在日常生活中已经习惯于依据经济效用最大化原则做决策，可能不受时间金钱化的影响。而那些低物质主义者，他们不看重经济上的成功，更关注内在需要（胜任、自主、关系需要）的满足（Kasser & Ryan, 1993），他们头脑里缺少经济效用心理定式，因而很少采取经济效用最大化原则做决策，他们的利他行为不容易受时间金钱化的影响。然而，处于两者之间的个体对时间金钱化非常敏感。因为他们在日常生活中既不习惯于依据经济效用最大化原则做决策，也不像持低物质主义者那样缺少经济效用心理定式，当他们遇到时间金钱化情境时，时间的金钱价值突出显现，他们的利他行为便受到了影响。

实验6结果表明，超越自我中心在时间金钱化影响利他行为中起调节作用。对高超越自我中心个体来说，时间金钱化对他们的利他行为没有显著影响；而对低超越自我中心的个体来说，时间金钱化更加削弱了他们的亲社会程度。高超越自我中心者有合理的自我观，没有夸大自我的重要性，具有利他、友善、尊敬、同情以及追求和谐的心理特征（Dambrun & Ricard, 2011）。高超越自我中心与利他行为有非常紧密的联系，高超越自我中心者更频繁地参与利他行为，他们的利他行为更不容易受到外界因素的影响（Dambrun, et al., 2012）。因此，时间金钱化对高超越自我中心者的利他行为没有影响，而更加削弱了低超越自我中心者的利他行为。

综合以上研究结果，我们尝试提出时间金钱化影响利他行为的心理机制，如图 6-1 所示。时间的意义刺激（如时间金钱化）可以激活经济效用心理定式，也可以激活非经济效用心理定式（例如情绪性心理定式），因而产生相应的具有经济效用的行为和非经济效用的行为。具有经济效用的行为是指能给个体带来经济回报的行为，包括抓紧时间工作、提高工作效率等；非经济效用的行为包括利他行为、和家人在一起、阅读有趣的书籍、结交有趣的朋友等。时间金钱化激活了经济效用心理定式，被激活的经济效用心理定式有量的差异，以分钟为单位计算时间价格可能激活较高程度的经济效用心理定式，以小时为单位计算可能激活经济效用心理定式的程度要低一些，以天、周、月、年为单位计算可能更低。图中虚线表示根据经济效用心理定式程度大小可以左右移动，类似一个固定容积的容器，经济效用心理定式程度越大，占的体积就越大，虚线越向左移动，就会挤压非经济效用心理定式，进而影响到个体的利他行为。而经济效用心理定式和非经济效用心理定式又受到人格差异（价值观、信念、性格等）的影响，本研究的结果表明，时间金钱化是否影响利他行为是受物质主义价值观和超越自我中心调节的。

第六章 结论

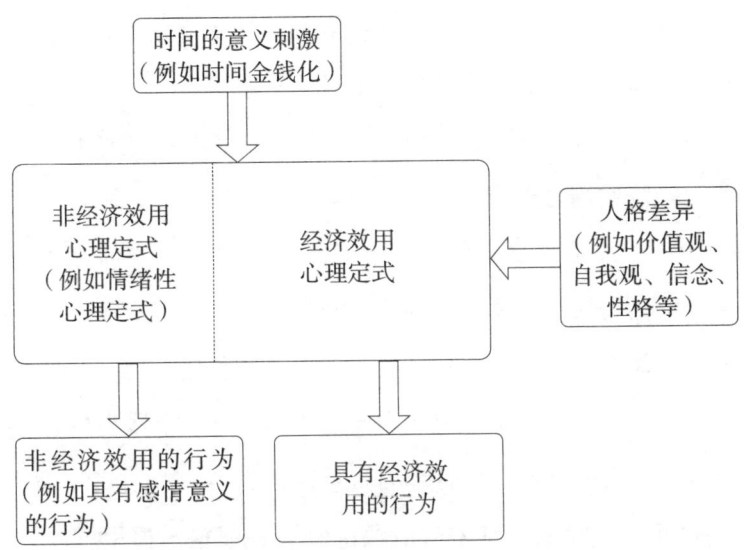

图 6-1 时间意义刺激激活经济效用心理定式的模型图

二、总的结论

本书主要探讨时间金钱化对利他行为的影响及其心理机制。总体来说，本研究结论如下：

第一，时间金钱化不仅削弱了个体的时间利他行为，也削弱了金钱利他行为。

第二，时间金钱化促使个体分配更多时间到具有高效用的工作学习上，分配更少时间到休闲娱乐上；在享乐品和实用品选择上，时间金钱化使个体更倾向于选择实用品；电生理学数据表明，时间金钱化使个体大脑α功率值和α功率百分比更高、心率更快、皮肤电流更大，个体更不平静、不耐烦。

第三，时间金钱化通过经济效用心理定式影响个体的利他行为，经济效用心理定式在其中起部分中介作用。

第四，物质主义价值观调节时间金钱化与利他行为之间的关系，对高物质主义者和低物质主义者来说，时间金钱化不影响他们的利他行为，而中等水平物质主义者的利他行为对时间金钱化很敏感。超越自我中心也起到调节作用，时间金钱化只对低超越自我中心者的利他行为有影响。

第五，时间意义刺激激活经济效用心理定式模型可以较好地解释本研究结果。

三、今后努力方向

本研究提出的时间意义刺激激活经济效用心理定式模型不仅能较好地解释时间金钱化影响利他行为的心理机制，还能为后续如志愿者、无偿献血者、见义勇为者对时间金钱化的行为反应的研究提供参考。利他行为有多种类型，本研究仅考察了时间金钱化对时间利他和金钱利他的影响。虽然时间利他和金钱利他是利他行为的两种主要类型（Cnaan, Jones, Dickin, & Salomon, 2011; Gino & Mogilner, 2014），但也应关注其他类型的利他行为

第六章 结论

（例如无偿献血行为、见义勇为行为、紧急型利他行为等），因为不同的利他行为都有独特性（Weinstein & Ryan, 2010）。时间金钱化对其他形式的利他行为产生怎样的影响，是需要我们进一步探讨的问题。

时间金钱化对企业管理和促进生产率具有积极的意义，但如果使用不当则会降低员工的生活质量和幸福感，甚至会降低生产效率。如何在保持高效率的同时又不影响个体的幸福感？这是值得企业和个人深思的一个问题，也是我们进一步研究的方向。

已有研究探讨了用金钱来衡量时间，那么用时间来衡量金钱对个体又会产生怎样的影响呢？时间金钱化激活经济效用心理定式，进而削弱个体的利他行为，最终会影响到个体的幸福感，那么该效应会不会因等式结构的变化而发生变化？用金钱来衡量时间，个体倾向于将时间看作金钱，认为金钱是更有价值的资源（因为金钱是交换的目标：花费时间工作就是为了挣钱）。因为金钱与经济效用相联系（Vohs, Mead, & Goode, 2006），促使人们以明确的方式考虑价值（Okada & Hoch, 2004），这样用金钱来衡量时间的个体就会要求从所花费时间中获得明确的最大程度的满足。而反过来用时间来衡量金钱（时间变成了交换的目标）可能会使个体认为时间是更有价值的资源。一方面，个体会考虑为获得时间付费而不是为获得金钱付出时间，人们为节省时间的服务付钱，比如为快递、直航等节省的额外时间付费，这对个体的幸福感可能会有不同的影响。举例来说，对简单枯燥又花费时间的事情（比如排队、数据录入），花钱雇人来完成，可以给自己争取更多自由支配的时间，这可能有利于提高个体的幸福感。另一方面，因为时间比金钱承载更多的个人意义（Mogilner & Aaker, 2009），个体花费时间的方式构成了他们的人生和自我（Carter & Gilovich, 2012），当时间变成人们关注的中心时，人们更可能将时间用在有利于幸福的活动中，比如利他行为、和家人朋友在一起等。考察用时间来衡量金钱对个体行为的影响可能是未来的一个研究方向。

参考文献

曹晓君，陈旭，刘庆英，罗乐（2012）.3~5 岁幼儿暗示感受性与压力的关系：抑制性控制的调节效应.心理发展与教育，28（4），353—361.

曹新美，刘翔平（2008）.从习得无助，习得乐观到积极心理学——Seligman 对心理学发展的贡献.心理科学进展，16（4），562—566.

迟毓凯（2005）.人格与情境启动对利他行为的影响.博士学位论文.华东师范大学.

杜鹏（2006）.基于互惠、非直接互惠和群体文化选择的利他行为研究.博士学位论文.中国科学技术大学.

郭伯良，王燕，张雷（2005）.班级环境变量对儿童社会行为与学校适应间关系的影响.心理学报，37（2），233—239.

黄秋生（2009）.马克思的时间观——《资本论》的存在意

蕴解读.武汉科技大学学报（社会科学版），11（3），45—48.

黄希庭（2002）.人格心理学.杭州：浙江教育出版社.

黄希庭，郑涌（2005）.当代中国青年价值观研究.北京：人民教育出版社.

黄希庭（2006）.时间与人格心理学探索.北京：北京师范大学出版社.

黄希庭（2011）.为了人类的真善美.心理科学，34（1），248—248.

黄希庭（2014）.探究心理时间.北京：商务印书馆.

黄希庭，李继波，刘杰（2012）.城市幸福指数之思考.西南大学学报（社会科学版），38（5），83—91.

津巴多，博伊德（2010）.津巴多时间心理学（段鑫星等译）.沈阳：万卷出版公司.

蒋达，王歆睿，傅丽，周仁来（2008）.内隐利他行为的实验研究.心理科学，31（1），79—82.

李虹（2006）.自我超越生命意义对压力和健康关系的调节作用.心理学报，38（3），422—427.

李静，郭永玉（2009）.物质主义价值观量表在大学生群体中的修订.心理与行为研究，7（4），280—283.

李政辉（2009）.美国律师按时计费考.法治研究（10），87—95.

卢英俊，戴丽丽，吴海珍，秦金亮（2012）.不同类型音乐对悲伤情绪舒缓作用的 EEG 研究.心理学探新，32（4），369—375.

卢英俊，吴海珍，钱靓，谢飞（2011）.莫扎特奏鸣曲 K.448 对脑电功率谱与重心频率的影响.生物物理学报，27（2），154—166.

罗跃嘉，古若雷，陈华，黄淼（2008）.社会认知神经科学研究的最新进展.心理科学进展，16（3），430—434.

马克思，恩格斯（1974）.马克思恩格斯全集：第 25 卷.北京：人民出版社.

马克斯·韦伯（2007）.新教伦理与资本主义精神.桂林：广西师范大学出版社.

莫文毅，仲梁维（2012）.EVM 在车间工时管理系统中的应用.计算机系统应用，21（2），172—176.

任俊，黄璐，张振新（2012）.冥想使人变得平和.心理学报，44（10），1339—1348.

石伟，李林（2010）.志愿行为对个人幸福的影响.心理科学进展，18（7），1122—1127.

童璐琼（2012）.金钱与时间概念对消费者享乐品和实用品选择的影响研究.博士学位论文.清华大学.

童璐琼，郑毓煌，赵平（2011）.努力程度对消费者购买意愿的影响.心理学报，43（10），1211—1218.

温忠麟，侯杰泰，张雷（2005）.调节效应与中介效应的比较和应用.心理学报，37（2），268—274.

温忠麟，叶宝娟（2014）.中介效应分析：方法和模型发展.心理科学进展，22（5），731—745.

温忠麟，张雷，侯杰泰，刘红云（2004）.中介效应检验程序及其应用.心理学报，36（5），614—620.

吴杰，Kors, J. A., Rijnbeek, P. R., 陆再英，徐春芳，& Bemmel, J. H.（2001）.中国健康人群正常心率范围的调查.中华心血管病杂志，29（6），369—371.

谢天，周静，俞国良（2012）.金钱启动研究的理论与方法.心理科学进展，20（6），918—925.

徐选华，陈晓红（2008）.大型水电站工程设计项目生产管理系统研究.科技进步与对策，25（10），131—134.

姚卿，陈荣，段苏桓（2013）.产品类型对购物冲量效应的调节作用分析.心理学报，45（2），206—216.

叶航（2005）.利他行为的经济学解释.经济学家3, 22—29.

叶航，汪丁丁，罗卫东（2005）.作为内生偏好的利他行为及其经济学意义.经济研究8, 84—94.

张军伟，徐富明，刘腾飞，陈雪玲，蒋多（2010）.行为决策中作为价值的时间：基于与金钱的比较.心理科学进展，18（10），1574—1579.

参考文献

张文彩，吕新湖，闫克乐，唐一源（2005）.放松训练对心率、波幅度、心算成绩的影响研究.心理科学，28（3），706—707.

郑作彧（2010）.时间结构的改变与当代时间政治的问题：一个时间社会学的分析.台湾社会学刊 44，213—275.

钟博维，高友明，钟毅平（2011）.时间管理的心理学研究.心理研究，4（6），72—75.

钟华，郭永玉（2008）.利他人格研究述评.华东师范大学学报（教育科学版），26（1），68—73.

周蕾（2008）.基于 Web 的软件行业工时管理系统.硕士学位论文.天津大学.

Aaker, J. L., Rudd, M., & Mogilner, C. (2011). If Money Doesn't Make You Happy, Consider Time. *Journal of Consumer Psychology,* 21(2), pp.126–133.

Aderman, D. (1972). Elation, Depression, And Helping Behavior. *Journal of Personality and Social Psychology,* 24(1), pp.91–101.

Aknin, L. B., Dunn, E. W., & Norton, M. I. (2012). Happiness Runs in a Circular Motion: Evidence for a Positive Feedback Loop between Prosocial Spending and Happiness. *Journal of Happiness Studies,* 13(2), pp.347–355.

Anderson, J. R., & Bower, G. H. (1973). *Human Associative Memory.* Oxford, England: V. H. Winston & Sons.

Apinunmahakul, A., Barham, V., & Devlin, R. A. (2009). Charitable Giving, Volunteering, and the Paid Labor Market. *Nonprofit and Voluntary Sector Quarterly,* 38(1), pp.77–94.

Bardasi, E., & Wodon, Q. (2010). Working Long Hours and Having No Choice: Time Poverty in Guinea. *Feminist Economics,* 16(3), pp.45–78.

Bateman, T. S., & Porath, C. (2003). Transcendent Behavior. In K. S. Cameron, J. E. Dutton & R. E. Quinn (Eds.), *Positive Organizational Scholarship: Foundations of a New Discipline.* San Francisco: Berrett-Koehler Publishers, pp.122–137.

Batson, C. D. (1991). *The Altruism Question: Toward a Social-Psychological Answer.* Hillsdale, NJ: Lawrence Erlbaum Associates.

Bekkers, R. (2010). Who Gives What and When? A Scenario Study of Intentions to Give Time and Money. *Social Science Research,* 39(3), pp.369–381.

Bierhoff, H. W., Klein, R., & Kramp, P. (1991). Evidence for the Altruistic Personality from Data on Accident Research. *Journal of Personality,* 59(2), pp.263–280.

Bradley, M. M., Silakowski, T., & Lang, P. J. (2008). Fear of Pain and Defensive Activation. *Pain,* 137(1), pp.156–163.

Breimhorst, M., Sandrock, S., Fechir, M., Hausenblas, N., Geber,

参考文献

C., & Birklein, F. (2011). Do Intensity Ratings and Skin Conductance Responses Reliably Discriminate between Different Stimulus Intensities in Experimentally Induced Pain? *The Journal of Pain,* 12(1), pp.61-70.

Breiter, H. C., Aharon, I., Kahneman, D., Dale, A., & Shizgal, P. (2001). Functional Imaging of Neural Responses to Expectancy and Experience of Monetary Gains and Losses. *Neuron,* 30(2), pp.619-639.

Burgoyne, C. B., & Lea, S. E. G. (2006). Psychology - Money is Material. *Science,* 314(5802), pp.1091-1092.

Cameron, K. S., Dutton, J. E., & Quinn, R. E. (2003). Foundations of Positive Organizational Scholarship. In K. S. Cameron, J. E. Dutton & R. E. Quinn (Eds.), *Positive Organizational Scholarship: Foundations of a New Discipline.* San Francisco: Berrett-Koehler Publishers, pp.3-13.

Carlsmith, J. M., & Gross, A. E. (1969). Some Effects of Guilt on Compliance. *Journal of Personality and Social Psychology,* 11(3), pp.232-239.

Carstensen, L. L., Isaacowitz, D. M., & Charles, S. T. (1999). Taking Time Seriously: A Theory of Socioemotional Selectivity. *American Psychologist,* 54(3), pp.165-181.

Chancellor, J., & Lyubomirsky, S. (2011). Happiness and Thrift: When (Spending) Less is (Hedonically) More. *Journal of Consumer*

Psychology, 21(2), pp.131-138.

Cnaan, R. A., Jones, K. H., Dickin, A., & Salomon, M. (2011). Estimating Giving and Volunteering: New Ways to Measure the Phenomena. *Nonprofit and Voluntary Sector Quarterly,* 40(3), pp.497-525.

Coeugnet, S., Charron, C., Van De Weerdt, C., Anceaux, F., & Naveteur, J. (2011). Time Pressure: A Complex Phenomenon that Needs to be Studied as a Matter of Urgency. *Travail Humain,* 74(2), pp.157-181.

Dambrun, M., & Ricard, M. (2011). Self-Centeredness and Selflessness: A Theory of Self-Based Psychological Functioning and Its Consequences for Happiness. *Review of General Psychology,* 15(2), pp.138-157.

Dambrun, M., Ricard, M., Després, G., Drelon, E., Gibelin, E., Gibelin, M., et al. (2012). Measuring Happiness: From Fluctuating Happiness to Authentic–durable Happiness. *Frontiers in Psychology,* 3(16), pp.1-11.

DeVoe, S. E., & House, J. (2012). Time, Money, and Happiness: How does Putting a Price on Time Affect Our Ability to Smell the Roses? *Journal of Experimental Social Psychology,* 48(2), pp.466-474.

DeVoe, S. E., Lee, B. Y., & Pfeffer, J. (2010). Hourly versus Salaried Payment and Decisions about Trading Time and Money over

Time. *Industrial & Labor Relations Review,* 63(4), pp.627–640.

DeVoe, S. E., & Iyengar, S. S. (2010). Medium of Exchange Matters: What's Fair for Goods Is Unfair for Money. *Psychological Science,* 21(2), pp.159–162.

DeVoe, S. E., & Pfeffer, J. (2007a). Hourly Payment and Volunteering: The Effect of Organizational Practices on Decisions about Time Use. *The Academy of Management Journal ARCHIVE,* 50(4), pp.783–798.

DeVoe, S. E., & Pfeffer, J. (2007b). When Time is Money: The Effect of Hourly Payment on the Evaluation of Time. *Organizational Behavior and Human Decision Processes,* 104(1), pp.1–13.

DeVoe, S. E., & Pfeffer, J. (2010). The Stingy Hour: How Accounting for Time Affects Volunteering. *Personality and Social Psychology Bulletin,* 36(4), pp.470–483.

Diener, E. (2000). Subjective Well-being: The Science of Happiness and a Proposal for a National Index. *American Psychologist,* 55(1), pp.34–43.

Dijksterhuis, A., & Bargh, J. A. (2001). The Perception-behavior Expressway: Automatic Effects of Social Perception on Social Behavior. *Advances in Experimental Social Psychology,* 33,pp.1–40.

Dunn, E. W., Aknin, L. B., & Norton, M. I. (2008). Spending

Money on Others Promotes Happiness. *Science,* 319(5870), pp.1687–1688.

Dunn, E. W., Aknin, L. B., & Norton, M. I. (2014). Prosocial Spending and Happiness: Using Money to Benefit Others Pays Off. *Psychological Science,* 23(1), pp.41–47.

Dunn, E. W., Gilbert, D. T., & Wilson, T. D. (2011). If Money Doesn't Make You Happy then you Probably aren't Spending it Right. *Journal of Consumer Psychology,* 21(2), pp.115–125.

Easterlin, R. A. (1974). Does Economic Growth Improve the Human Lot? Some Empirical Evidence. In P. A. David & M. W. Reder (Eds.), *Nations and Households in Economic Growth: Essays in Honor of Moses Abramovitz* (pp. 89–125). New York: Academic Press.

Eisenberg, N., & Miller, P. A. (1987). The Relation of Empathy to Prosocial and Related Behaviors. *Psychological Bulletin,* 101(1), pp.91–119.

Evans, J. A., & Barley, S. R. (2004). Beach Time, Bridge and Billable Time Hours: The Temporal Structure of Technical Contracting. *Administrative Science Quarterly,* 49(1), pp.1–38.

Fitzsimons, G. M., Chartrand, T. L., & Fitzsimons, G. J. (2008). Automatic Effects of Brand Exposure on Motivated Behavior: How

Apple Makes you "Think Different". *Journal of Consumer Research,* 35(1), pp.21–35.

Garcia, S. M., Weaver, K., Moskowitz, G. B., & Darley, J. M. (2002). Crowded Minds: The Implicit Bystander Effect. *Journal of Personality and Social Psychology,* 83(4), pp.843–853.

Gino, F., & Mogilner, C. (2014). Time, Money, and Morality. *Psychological Science,* 25(2), pp.414–421.

Golden, L., & Wiens-Tuers, B. (2008). Overtime Work and Wellbeing at Home. *Review of Social Economy,* 66(1), pp.25–49.

Goodin, R. E., Rice, J. M., Bittman, M., & Saunders, P. (2005). The Time-pressure Illusion: Discretionary Time vs. Free Time. *Social Indicators Research,* 73(1), pp.43–70.

Hamermesh, D. S. (2002). 12 Million Salaried Workers are Missing. *Industrial & Labor Relations Review,* 55(4), pp.649–666.

Hamilton, W. D. (1963). The Evolution of Altruistic Behavior. *The American Naturalist,* 97(896), pp.354–356.

Harbaugh, W. T., Mayr, U., & Burghart, D. R. (2007). Neural Responses to Taxation and Voluntary Giving Reveal Motives for Charitable Donations. *Science,* 316(5831), pp.1622–1625.

Heintzman, P., & Mannell, R. C. (2003). Spiritual Functions of Leisure and Spiritual Well-being: Coping with Time Pressure. *Leisure*

Sciences, 25(2-3), pp.207-230.

Hoffman, M. L. (1977). Sex Differences in Empathy and Related Behaviors. *Psychological Bulletin,* 84(4), pp.712.

Isen, A. M., & Levin, P. F. (1972). Effect of Feeling Good on Helping: Cookies and Kindness. *Journal of personality and social Psychology,* 21(3), pp.384-388.

Kahneman, D., & Deaton, A. (2010). High Income Improves Evaluation of Life but not Emotional Well-being. *Proceedings of the National Academy of Sciences,* 107(38), pp.16489-16493.

Kahneman, D., Krueger, A. B., Schkade, D. A., Schwarz, N., & Stone, A. A. (2004). A Survey Method for Characterizing Daily Life Experience: The Day Reconstruction Method. *Science,* 306(5702), pp.1776-1780.

Kasser, T., & Ryan, R. M. (1993). A Dark Side of the American Dream: Correlates of Financial Success as a Central Life Aspiration. *Journal of Personality and Social Psychology,* 65(2), pp.410-422.

Kasser, T., & Sheldon, K. M. (2002). What Makes for a Merry Christmas? *Journal of Happiness Studies,* 3(4), pp.313-329.

Kasser, T., & Sheldon, K. M. (2009). Time Affluence as a Path toward Personal Happiness and Ethical Business Practice: Empirical Evidence from Four Studies. *Journal of Business Ethics,* 84, pp.243-

255.

Kaveny, M. C. (2001). Billable Hours in Ordinary Time: A Theological Critique of the Instrumentalization of Time in Professional Life. *Loyola University Chicago Law Journal,* 33, pp.173-220.

Kopacz, F. M., & Smith, B. D. (1971). Sex Differences in Skin Conductance Measures as a Function of Shock Threat. *Psychophysiology,* 8(3), pp.293-303.

Lea, S. E. G., & Webley, P. (2006). Money as Tool, Money as Drug: The Biological Psychology of a Strong Incentive. *Behavioral and Brain Sciences,* 29(2), pp.161-209.

Leclerc, F., Schmitt, B. H., & Dube, L. (1995). Waiting Time and Decision Making: Is Time Like Money? *Journal of Consumer Research,* pp.110-119.

Lee, L., Piliavin, J. A., & Call, V. R. A. (1999). Giving Time, Money, and Blood: Similarities and Differences. *Social Psychology Quarterly,* 62(3), pp.276-290.

Lehmann, S., & Reimann, M. (2012). Neural Correlates of Time versus Money in Product Evaluation. *Frontiers in Psychology,* 3(372), pp.1-20.

Lerner, M. J. (1980). *The Belief in A Just World: A Fundamental delusion.* New York: Plenum Press.

Liu, C., & Lo, P. (2006). Investigation of Spatial Characteristics of Meditation EEG: Using Wavelet and Fuzzy Classifier. From http://medlab.cs.uoi.gr/itab2006/proceedings/EEG%20Analysis/97.pdf

Liu, W., & Aaker, J. (2007). Do You Look to the Future or Focus on Today? The Impact of Life Experience on Intertemporal Decisions. *Organizational Behavior and Human Decision Processes,* 102(2), pp.212–225.

Liu, W., & Aaker, J. (2008). The Happiness of Giving: The Time-Ask Effect. *Journal of Consumer Research*, 35(3), pp.543–557.

Liu, J., Smeesters, D., & Vohs, K. D. (2012). Reminders of Money Elicit Feelings of Threat and Reactance in Response to Social Influence. *Journal of Consumer Research,* 38(6), pp.1030–1046.

Loewenstein, G., Read, D., & Baumeister, R. (2003). *Time and Decision: Economic and Psychological Perspectives on Intertemporal Choice.* New York: Russell Sage Foundation.

Luthans, F. (2002). Positive Organizational Behavior: Developing and Managing Psychological Strengths. *The Academy of Management Executive,* 16(1), pp.57–72.

Lyubomirsky, S. (2007). *The How of Happiness: A Scientific Approach to Getting the Life You Want.* New York: Penguin.

Lyubomirsky, S., Sheldon, K. M., & Schkade, D. (2005).

Pursuing Happiness: The Architecture of Sustainable Change. *Review of General Psychology,* 9(2), pp.111-131.

Maltzman, I., Gould, J., Barnett, O. J., Raskin, D. C., & Wolff, C. (1979). Habituation of the GSR and Digital Vasomotor Components of the Orienting Reflex as a Consequence of Task Instructions and Sex Differences. *Physiological Psychology,* 7(2), pp.213-220.

Midlarsky, E. (1971). Aiding under Stress: The Effects of Competence, Dependency, Visibility, and Fatalism. *Journal of Personality,* 39(1), pp.132-149.

Mogilner, C. (2010). The Pursuit of Happiness: Time, Money, and Social Connection. *Psychological Science,* 21(9), pp.1348-1354.

Mogilner, C., & Aaker, J. (2009). "The Time vs. Money Effect": Shifting Product Attitudes and Decisions through Personal Connection. *Journal of Consumer Research,* 36(2), pp.277-291.

Mogilner, C., Aaker, J. L., & Pennington, G. L. (2008). Time will Tell: The Distant Appeal of Promotion and Imminent Appeal of Prevention. *Journal of Consumer Research,* 34(5), pp.670-681.

Molinsky, A. L., Grant, A. M., & Margolis, J. D. (2012). The bedside Manner of Homo Economicus: How and Why Priming an Economic Schema Reduces Compassion. *Organizational Behavior and Human Decision Processes,* 119, pp.27-37.

Okada, E. M., & Hoch, S. J. (2004). Spending Time versus Spending Money. *Journal of Consumer Research*, 31(2), pp.313-323.

Penner, L. A., Dovidio, J. F., Piliavin, J. A., & Schroeder, D. A. (2005). Prosocial Behavior: Multilevel Perspectives. *Annual Review of Psychology,* 56, pp.365-392.

Pfeffer, J., & DeVoe, S. E. (2009). Economic Evaluation: The Effect of Money and Economics on Attitudes about Volunteering. *Journal of Economic Psychology,* 30(3), pp.500-508.

Pfeffer, J., & DeVoe, S. E. (2012). The Economic Evaluation of Time: Organizational Causes and Individual Consequences. *Research in Organizational Behavior,* 32, pp.47-62.

Philippe Rushton, J., Chrisjohn, R. D., & Cynthia Fekken, G. (1981). The Altruistic Personality and the Self-report Altruism Scale. *Personality and Individual Differences,* 2(4), pp.293-302.

Preacher, K. J., Rucker, D. D., MacCallum, R. C., & Nicewander, W. A. (2005). Use of the Extreme Groups Approach: A Critical Reexamination and New Recommendations. *Psychological Methods,* 10(2), pp.178-192.

Quoidbach, J., Dunn, E. W., Petrides, K., & Mikolajczak, M. (2010). Money Giveth, Money Taketh Away: The Dual Effect of Wealth on Happiness. *Psychological Science,* 21(6), pp.759-763.

Richins, M. L. (2004). The Material Values Scale: Measurement Properties and Development of a Short Form. *Journal of Consumer Research,* 31(1), pp.209-219.

Richins, M. L., & Dawson, S. (1992). A Consumer Values Orientation for Materialism and Its Measurement: Scale Development and Validation. *Journal of Consumer Research,* 19(3), pp.303-316.

Roberts, J. A., & Clement, A. (2007). Materialism and Satisfaction with Over-all Quality of Life and Eight Life Domains. *Social Indicators Research,* 82(1), pp.79-92.

Roberts, L. M. (2006). Shifting the Lens on Organizational Life: The Added Value of Positive Scholarship. *Academy of Management Review,* 31(2), pp.292-305.

Robinson, J., & Godbey, G. (1999). *Time for Life: The Surprising Ways Americans Use Their Time.* University Park: Pennsylvania State University Press.

Schwarz, N., & Clore, G. L. (1996). Feelings and Phenomenal Experiences. In T. Higgins & A. Kruglanski (Eds.), *Social Psychology: Handbook of Basic Principles.* New York: Guilford, pp.385-407.

Simon, H. A. (1990). A Mechanism for Social Selection and Successful Altruism. *Science,* 250(4988), pp.1665-1668.

Snyder, M., & Omoto, A. M. (2008). Volunteerism: Social Issues

Perspectives and Social Policy Implications. *Social Issues and Policy Review,* 2(1), pp.1-36.

Solberg, E. G., Diener, E., & Robinson, M. D. (2004). Why are Materialists Less Satisfied? In T. Kasser & A. D. Kanner (Eds.), *Psychology and Consumer Culture: The Struggle for a Good Life in a Materialistic World* . Washington, D.C: American Psychological Association, pp.29-48.

Staub, E. (1991). Altruistic and Moral Motivations for Helping and Their Translation into Action. *Psychological Inquiry,* 2(2), pp.150-153.

Takahashi, T., Murata, T., Hamada, T., Omori, M., Kosaka, H., Kikuchi, M., et al. (2005). Changes in EEG and Autonomic Nervous Activity during Meditation and Their Association with Personality Traits. *International Journal of Psychophysiology,* 55(2), pp.199-207.

Tims, A. R., Swart, C., & Kidd, R. F. (1976). Factors Affecting Pre-decisional Communication Behavior after Helping Requests. *Human Communication Research,* 2(3), pp.271-280.

Tong, L., Zheng, Y., & Zhao, P. (2013). Is Money Really the Root of All Evil? The Impact of Priming Money on Consumer Choice. *Marketing Letters,* 24, pp.119-129.

Twenge, J. M., Baumeister, R. F., DeWall, C. N., Ciarocco, N. J., &

参考文献

Bartels, J. M. (2007). Social Exclusion Decreases Prosocial Behavior. *Journal of Personality and Social Psychology,* 92(1), pp.56–66.

Van Boven, L. (2005). Experientialism, Materialism, and the Pursuit of Happiness. *Review of General Psychology,* 9(2), pp.132–142.

Vohs, K. D., Mead, N. L., & Goode, M. R. (2006). The Psychological Consequences of Money. *Science,* 314(5802), pp.1154–1156.

Vohs, K. D., Mead, N. L., & Goode, M. R. (2008). Merely Activating the Concept of Money Changes Personal and Interpersonal Behavior. *Current Directions in Psychological Science,* 17(3), pp.208–212.

Weinstein, N., & Ryan, R. M. (2010). When Helping Helps: Autonomous Motivation for Prosocial Behavior and its Influence on Well-being for the Helper and Recipient. *Journal of Personality and Social Psychology,* 98(2), pp.222–244.

Wilson, J. (2012). Volunteerism Research: A Review Essay. *Nonprofit and Voluntary Sector Quarterly,* 41(2), pp.176–212.

Wright, T. A. (2003). Positive Organizational Behavior: An Idea Whose Time has Truly Come. *Journal of Organizational Behavior,* 24(4), pp.437–442.

Wright, T. A., & Goodstein, J. (2007). Character is not "Dead" in Management Research: A Review of Individual Character and Organizational-level Virtue. *Journal of Management,* 33(6), pp.928–958.

Wright, T. A., & Quick, J. C. (2009). The Emerging Positive Agenda in Organizations: Greater than a trickle, but not yet A Deluge. *Journal of Organizational Behavior,* 30(2), pp.147–159.

Wrzesniewski, A. (2003). Finding Positive Meaning in Work. In K. S. Cameron, J. E. Dutton & R. E. Quinn (Eds.), *Positive Organizational Scholarship: Foundations of A New Discipline.* San Francisco: Berrett-Koehler Publishers, pp.296–308.

Ye, S. Q., Leung, T. T. F., & Mok, B. H. (2011). Measuring Mutual Help Willingness and Criteria among Hong Kong People: Confirmatory Factor Analyses. *Social Indicators Research,* 103(1), pp.119–130.

Yuen, H. K., Huang, P., Burik, J. K., & Smith, T. G. (2008). Impact of Participating in Volunteer Activities for Residents Living in Long-term-care Facilities. *The American Journal of Occupational Therapy,* 62(1), pp.71–76.

Zhong, C. B., & DeVoe, S. E. (2010). You are How You Eat: Fast Food and Impatience. *Psychological Science,* 21(5), pp.619–622.

汉英术语表

超越自我中心	self-transcendence
混词组句任务	scrambled-words task
积极心理学	positive psychology
积极组织行为	positive organizational behavior, POB
积极组织学术研究	positive organizational scholarship, POS
金钱利他	money spent helping
金钱启动	money priming
经济效用心理定式	economic utility mindsets
快速傅里叶变换	fast Fourier transform,FFT
利他行为	altruistic behavior
逻辑回归	logistic regression
脑电功率谱	power spectrum of EEG
脑电静息态	resting state EEG

皮肤电反应	galvanic skin response, GSR
利他行为	prosocial behavior
情绪心理定式	emotional mindsets
生活满意度	life satisfaction
时间金钱化	accounting for time
时间利他	time spent helping
时间启动	time priming
实用品	utilitarian goods
物质主义	materialism
享用品	hedonic goods
心理定式	mindsets
心率	heart rate, HR
幸福	happiness
有益干预	helpful intervention

附录

附录A 人事决策任务时间金钱化组指导语（以研究三为例）

1. 总指导语

根据非常有限的信息做人事决策是很有挑战性的事情，而人事顾问则常常面临这样的挑战。为不同的职位选择合适的人是非常重要的技能，这对一个公司的成功运转是不可或缺的。你即将执行的就是这样的人事决策任务。该任务由商学院的老师设计，用来评估你的人事决策能力。

我们会给你提供公司四个分公司的雇员信息，分别对应 Excel 工作簿"雇员数据表.xls"的大连、北京、上海和广州四个工作表。因为位于东北的大连分公司效益太差，总公司计划撤销该分公司。大连分公司下的所有员工需要分配到其他三个分公司。但是，北京、上海和广州三个分公司已经满员，所以为了给

时间金钱化与利他行为

大连分公司的员工提供职位,其他三个分公司要有六个职员以解雇或提前退休的形式离开公司。

当做出人事决策,你必须给每一个分公司经理写一封信,向他们解释你的建议。每封信件都印有抬头(见 word 文件"信件 .doc")。另外,你需要给每一个解雇或提前退休的职员写信告知并解释人事决策结果。这一部分内容需要打在 word 文件"信件 .doc"中。

因为各个分公司雇员数量不同,能力也各不相同,所以在做决策的过程中你需要对各个分公司的员工进行比较,这可能要花费较多时间。

在参与人事决策任务的过程中,你需要对你所付出的时间计费。具体来说,我们会要求你填写一张记录表(见桌上的时间计费表),在记录表上,每 10 分钟填写一次,填写 10 分钟内你做了什么以及各个分公司要为你所花费的时间付多少钱。你将花费 40 分钟在该任务上。到时间,我们会来通知。

请根据下一页的任务指南做出尽可能准确的决策。

2. 任务指南

(1)总公司计划撤掉位于东北的大连分公司,该分公司的所有员工需要调到其他三个分公司。

附录 A 人事决策任务时间金钱化组指导语（以研究三为例）

（2）北京、上海和广州三个分公司的人员已满。所以，每安置大连分公司的一个员工，你需要在其他三个分公司中为其腾出一个位置。你可以通过辞掉或提前退休的方式让一个员工离开公司。

（3）请尽可能少地辞掉员工。公司将为年龄在 45 岁及其以上提前辞退的员工提供退休金。

（4）被辞掉的员工最好是能力最差的，即绩效评价最低。

（5）当完成人事决策，你需要写两种信给不同的人：

给北京、上海和广州三个分公司的经理写信告知并解释人事决策结果。

给辞掉或提前退休的每一个员工一封信，告知并解释决策结果。

注意：这些内容需要打在 word 文档"信件 .doc"中。

（6）按每分钟 0.8 元给你所花费的时间计费。请记录你为每一分公司所花费的时间，填写在时间计费表中。包括两大部分：

每 10 分钟你所做的事情。电脑每 10 分钟会自动提醒，等实验者对指导语进行解释后开始计时。

40 分钟后做一个总计。

注意：这部分填写在桌上的时间计费表中。

3. 雇员数据表内容和说明

绩效评价：每个员工的绩效评价由他们分公司的经理做出。"A"等级最高，"E"等级最低。

附录 B　人事决策任务控制组指导语（以研究三为例）

1. 总指导语

根据非常有限的信息做人事决策是很有挑战性的事情，而人事顾问则常常面临这样的挑战。为不同的职位选择合适的人是非常重要的技能，这对一个公司的成功运转是不可或缺的。你即将执行的就是这样的人事决策任务。该任务由商学院的老师设计，用来评估你的人事决策能力。

我们会给你提供公司四个分公司的雇员信息，分别对应 Excel 工作簿"雇员数据表 .xls"的大连、北京、上海和广州四个工作表。因为位于东北的大连分公司效益太差，总公司计划撤销该分公司。大连分公司下的所有员工需要分配到其他三个分公司。但是，北京、上海和广州三个分公司已经满员，所以为了给大连分公司的员工提供职位，其他三个分公司要有六个职员以解雇或提前退休的形式离开公司。

当做出人事决策，你必须给每一个分公司经理写一封信，向他们解释你的建议。每封信件都印有抬头（见 word 文件"信件 .doc"）。另外，你需要给每一个解雇或提前退休的职员写信告知并解释人事决策结果。这一部分内容需要打在 word 文件"信件 .doc"中。

因为各个分公司雇员数量不同，能力也各不相同，所以在做决策的过程中你需要对各个分公司的员工进行比较，这可能要花费较多时间。

你将花 40 分钟在该任务上。到时间，我们会来通知。

请根据下一页的任务指南做出尽可能准确的决策。

2. 任务指南

（1）总公司计划撤掉位于东北的大连分公司，该分公司的所有员工需要调到其他三个分公司。

（2）北京、上海和广州三个分公司的人员已满。所以，每安置大连分公司的一个员工，你需要在其他三个分公司中为其腾出一个位置。你可以通过辞掉或提前退休的方式让一个员工离开公司。

（3）请尽可能少地辞掉员工。公司将为年龄在 45 岁及其以上提前辞退的员工提供退休金。

（4）被辞掉的员工最好是能力最差的，即绩效评价最低。

（5）当完成人事决策，你需要写两种信给不同的人：

给北京、上海和广州三个分公司的经理写信告知并解释人事决策结果。

给辞掉或提前退休的每一个员工一封信，告知并解释决策结果。

注意：这些内容需要打在 word 文档"信件.doc"中。

3. 雇员数据表内容和说明

绩效评价：每个员工的绩效评价由他们分公司的经理做出。"A"等级最高，"E"等级最低。

附录 C 雇员信息（以上海分公司为例）

上海分公司雇员

姓名	性别	加入公司年份	年龄	年收入（万）	绩效评价	备注
付敏	女	1994	43	3	D	
王军杰	女	2004	37	7	C	
王涛	男	2008	32	7	A	
李克田	男	2008	25	4	C	
冯乔	女	2010	24	3	C	
张欣	男	2002	45	15	A	
卢然	男	2005	42	11	D	
郑伟	男	2010	26	6	C	
刘盼	男	2009	27	12	A	
罗家驹	女	2008	28	8	B	
刘毅	男	2001	45	12	B	

附录 C 雇员信息（以上海分公司为例）

从大连分公司调入的雇员：

（1）

（2）

（3）

（4）

（5）

（6）

附录 D　时间计费表

按每分钟 0.8 元计费

时间间隔	任务描述（简要描述这 10 分钟内做了什么）	为各分公司所花费时间	分公司需要支付报酬
10 分钟	人事决策： 信件写作：	北京：＿＿＿分 上海：＿＿＿分 广州：＿＿＿分	北京：＿＿＿元 上海：＿＿＿元 广州：＿＿＿元
10 分钟	人事决策： 信件写作：	北京：＿＿＿分 上海：＿＿＿分 广州：＿＿＿分	北京：＿＿＿元 上海：＿＿＿元 广州：＿＿＿元

附录 D　时间计费表

续表

时间间隔	任务描述（简要描述这10分钟内做了什么）	为各分公司所花费时间	分公司需要支付报酬
10分钟	人事决策： 信件写作：	北京：_____ 分 上海：_____ 分 广州：_____ 分	北京：_____ 元 上海：_____ 元 广州：_____ 元
10分钟	人事决策： 信件写作：	北京：_____ 分 上海：_____ 分 广州：_____ 分	北京：_____ 元 上海：_____ 元 广州：_____ 元

合计

为北京分公司花费的时间 _____ 分
北京分公司需要付出的报酬 _____ 元

为上海分公司花费的时间 _____ 分
上海分公司需要付出的报酬 _____ 元

为广州分公司花费的时间 _____ 分
广州分公司需要付出的报酬 _____ 元

总计

花费总时间 _____ 分

总报酬 _____ 元

附录 E 时间记录表

时间间隔	任务描述（简要描述这 8 分钟内做了什么）	为各分公司所付出的时间	
8 分钟	人事决策： 信件写作：	北京：＿＿＿ 分 上海：＿＿＿ 分 广州：＿＿＿ 分	填写完成后请看屏幕
8 分钟	人事决策： 信件写作：	北京：＿＿＿ 分 上海：＿＿＿ 分 广州：＿＿＿ 分	填写完成后请看屏幕

附录 E　时间记录表

续表

时间间隔	任务描述（简要描述这 8 分钟内做了什么）	为各分公司所付出的时间	
8 分钟	人事决策： 信件写作：	北京：_____ 分 上海：_____ 分 广州：_____ 分	填写完成后请看屏幕
8 分钟	人事决策： 信件写作：	北京：_____ 分 上海：_____ 分 广州：_____ 分	填写完成后请看屏幕

合计

　　为北京分公司付出的时间 _____ 分

　　为上海分公司付出的时间 _____ 分

　　为广州分公司付出的时间 _____ 分

总计

付出的总时间 _____ 分

时间金钱化与利他行为

附录 F　生僻字筛选任务

指导语：同学，您好！你的实验已经完成。我们想请你帮助筛选下面材料的生僻字。这些材料是为我们其他的研究做准备。

后面的屏幕上会呈现每张材料。在左上角是该生僻字材料的编号，共20行，每5行有相应行号。请将某生僻字所在的编号和相应行号标出。比如，编号 a：01 膈锛；02 阏。

写在桌上白纸上即可。完成一张，按空格键继续下一张。每张大约需要3分钟。

因为材料很多，你能帮多少就帮助多少。在做筛选生僻字过程中，你可以自愿按"q"键退出筛选工作。（下面是实验材料的一部分）

附录 F 生僻字筛选任务

附录G 大学生日常活动有用性调查表

下面是大学生的各种日常活动,请评定下列每一项活动的有用性。**有用性的标准：是否有利于评优、有利于考研或找到好**的工作等。

1~7评分,1表示一点也没用,7表示非常有用。请仔细阅读下面的题项,根据自己的想法,在相应数字上画"√"。你的回答没有对错好坏之分。

附录G 大学生日常活动有用性调查表

	一点也没用	没用	有点没用	不确定	有点用处	有用	非常有用
1. 与朋友们在一起相聚	1	2	3	4	5	6	7
2. 上网	1	2	3	4	5	6	7
3. 参加一些必要的职业培训	1	2	3	4	5	6	7
4. 听讲座	1	2	3	4	5	6	7
5. 看电影或电视	1	2	3	4	5	6	7
6. 兼职工作	1	2	3	4	5	6	7
7. 课前准备	1	2	3	4	5	6	7
8. 与朋友亲人电话聊天	1	2	3	4	5	6	7
9. 听音乐	1	2	3	4	5	6	7
10. 参加学校以及社会各类活动	1	2	3	4	5	6	7
11. 完成课后学习任务	1	2	3	4	5	6	7
12. 体育活动	1	2	3	4	5	6	7

时间金钱化与利他行为

附录 H 预期小时工资计算和对照组指导语

时间定价组

设想你毕业后参加工作,请回答与你即将参加的工作有关的几个问题。在下面的计算中可以使用草稿纸(下面空白处)或计算器。

①参加工作后,你每周预期工作多少小时?
②每年预期工作多少周?
③预期年收入是多少元?
④请计算全年预期工作小时数:
将一年预期工作周数和一周预期工作小时数相乘得到小时;
⑤请计算你的预期小时工资:

附录 H 预期小时工资计算和对照组指导语

拿预期年收入除以全年工作小时数得到元/小时。
该数字即是你毕业工作后的预期小时报酬。

普通计算组

请您完成以下计算。在下面计算中可以使用草稿纸（下面空白处）或计算器。

①请填上一个两位数；
②请填上一个不同的两位数；
③请填上一个五位或六位数；
④将①和②填上的两位数相乘得到；
⑤用③除以两者相乘的结果得到。

附录 I 实用品享乐品选择

我们正在设计一项学术研究。在未来的研究中，我们考虑给参与者一些奖励。所以在本问卷中，我们想了解一下什么样的奖品会受大家欢迎。

想象一下，如果你可以从以下两个选择中选一个作为对你的奖励，你将选择哪一个？（**奖励 A 和奖励 B 的价钱相等，请在你选择的选项上打钩**）

☐ 一盒巧克力　　　　☐ 一盒牙膏

请你在下面的对话框中列出你之前在产品选择时的真实想法（例如，你为什么要选择该产品）。

附录 J 时间相关警句研究素材

一切有为法，如梦幻泡影，如露亦如电，应作如是观。

——《金刚经》

是过去留下了记忆，还是记忆改写了过去。

是当下给我们力量，还是我们赋予现在以意义。

未来客观存在于今天，还是今天的主观构筑了未来。

是来世送来忍耐的信念，还是信念中存在来世。

我们肯为了时间牺牲健康，却不肯为健康花时间。

最佳的投资时间永远是昨天。

无论是在过去、现在还是未来寻找幸福，你只能在现在"体验"到快乐。

我们可以买卖任何资源，只有时间例外。

只要你愿意利用时间，时间就足够你用的。

时间就是与你有关的一切。你所拥有的一切就是时间。

——菲利普·津巴多

时间金钱化与利他行为

人不能两次踏进同一条河流,因为它已经不是同一条河,而他也不是同一个人。

——赫拉克利特

请记住,时间就是金钱。

——本杰明·富兰克林

当我传唤对以往事物的记忆,出庭于那馨香的默想的公堂,我不禁为命中许多缺陷叹息,带着旧恨,重新哭蹉跎的时光。

——莎士比亚

掌握过去的人掌控未来,掌控现在的人掌控过去。

——乔治·奥威尔

死亡的观念、死亡的恐惧,没有什么能比这些更让人这种动物揪心了;它是人类活动的主要动机——这些活动大部分都是用来避免死亡的宿命,通过以某种方式否定那是人类最后的归宿,来克服死亡的宿命。

——贝克尔

万物皆变。

——赫拉克利特

地球是古老的,而人类是年轻的。我们生活中的大事以年来计算,人的一生要度过数十载光阴,家族世代横跨百年,而所有可考的历史都要穿越千年。

——卡尔·萨根

时间流逝,因人而异。我将告诉你谁的时间缓缓而逝,谁的时间跳跃前进,谁的时间匆匆而过,谁的时间停滞不前。

——莎士比亚

不能忘记往事的人,是注定要重蹈覆辙的。

——乔治·萨塔亚纳

要记住:每个人都生存在现在这个时间里,现在是一个不可分的点,而他生命的其他部分不是已经过去就是尚未确定。因此每个人生存的时间都是短暂的,他在地球上居住的那个角落是狭小的。

——马可·奥勒留

我从不考虑未来,它来得已经够快的了。

——爱因斯坦

耐心和时间是两位最有力的战士。

——列夫·托尔斯泰

我相信在很远的未来,人类将成为比现在完美得多的生物,难以想象在经过了漫长而缓慢的进化以后,人类和其他有知觉的生物注定要灭亡。对于那些相信人类精神永存的人来说,世界的毁灭并不可怕。

——达尔文

所有的欢乐只是瞬间,所有的烦恼只是瞬间,只有那种永恒才是最重要的。

——米兰大教堂铭文

难道不奇怪么?先烈们穿越了黑暗之门。但没人回来告诉

时间金钱化与利他行为

我们这条路在哪。我们也必须自己来探索这条路。

——欧玛尔·海亚姆《鲁拜集》

意识的最主要变化是时间意识的变化。这些都反映在一些精神疾病上。

——奥伯里·刘易斯

尽管过去、现在和未来的区分是永恒存在的,但对于我们这些物理学家来说,这种区分是一种错觉而已。

——爱因斯坦

我们成熟并退休,时间让一切都成熟。没有人天生丽质。

——塞万提斯

听命于时间吧!它是所有顾问中最高明的。

——普鲁塔克

一种从容不迫的时间感就是一种财富。

——邦妮·弗里德曼

你乐意浪费的时间,就不是被浪费的时间。

——罗素

要完成一件伟大的事情,两样东西必不可少:一是完美的计划,二是紧凑的时间。

——伦纳德·伯恩斯坦

一个人的一生只是漫漫宇宙时间中的一个点,因此我们要十分珍惜有限的时间。当你活着的时候,不要因为碌碌无为而羞耻。

——普鲁塔克

后记

> 时间是最难界定而又怪异的东西；过去已经消逝，未来还没有到来，而现在，就在我们想要界定它的这一刹那变成过去，它像光一样，存在和消失于一瞬间。
>
> ——库格尔马斯

我对时间的认知，是从读小学时的公鸡打鸣开始。那是上世纪八十年代，一个北方很小的农村小学，全校也只有四个老师和几十个学生。育红班是没有早读的，不用早起，不需要时间观念。但从一年级开始，早上有早读，六点前要到学校读书。夏天倒无所谓，六点天已大亮，记忆最深刻的是冬天早起。家里没有钟表，跟着奶奶睡。冬天的早晨六点，天完全是黑的，没有明晰的天光提示时间。奶奶就根据公鸡打鸣来唤醒我。都说"雄鸡一唱天下白"，但这样时刻不多。雄鸡唱完，天往往还是黑的，并

时间金钱化与利他行为

且也不规律,时早时晚。起晚的记忆不多,自己到那时也醒了,倒是起早的几次记忆深刻。公鸡开始打鸣,奶奶轻轻"踢"我(我睡在奶奶脚头,负责"暖脚"),迷迷糊糊醒来,穿好衣服背起书包去学校。从家步行到学校需要十来分钟,学校的门紧锁着,一个小朋友都没有。懒得回去,再吵醒奶奶。学校门口边上正好有麦垛和豆杆堆,就干脆刨个窝,钻进去,也很舒服,再睡上一觉。外面吵闹起来,小学生在门外等着开门,醒来,准备晨读了。

后来家里有了钟表,自己起床反而会比闹铃时间早,穿衣洗漱准备好,倒不急着出门。专注盯着分针秒针,等待那个激动人心的时刻,离上课还有八分钟,背上书包向学校飞奔。不需要担心迟到,也不担心不开门,心中是满满对时间的自信。

高年级,每个学生都有了小小的电子表。时间变成了非常宝贵的资源。同学生怕时间没有用在最重要的事情上,比如学习。疯狂写作业,与时间竞赛,看谁在最短时间写出最多的字、完成最多的作业。如果时间花在无意义的事情上,会有深深的内疚感。这种不舒服的感觉,非常让人讨厌,却时不时来拜访我,直到快三十年后的今天。时间管理像理财一样,对我是很大的挑战。管理时间又像管理自我,谈何容易。后来看到时间银行的概念,自己当时写道"一天,每个人的时间银行里都会注入新的款项,时间老人是公平的,人人平等。而银行里的时间,拥有者,

后记

不管你愿意与否,都得在最后时刻花光。有些人憎恨时间,用消磨、杀这样的字眼去表示他的愤怒;有的人用时间去购买物质货币,来构筑他在人世的浮华;有些人却用金钱去购买时间,寻找他在来世的永恒"。

到了中学,对时间有不同的感觉。同样的四十五分钟,为什么化学课(严厉中年男教师)怎么就那样长,生物课(温柔年轻女老师)怎么就那样短?情绪对时间感知产生怎样的影响?爱因斯坦先生的"时间相对论"给出了答案:"当你和一个美女坐在一起一小时,你会感觉只有一分钟;但是当你坐在一个火炉上时,一分钟就比一小时钟还长"。真实性有待考证,但满足了当时的认知需要。

时间是一种很神秘的东西,人没有针对时间的感觉器官,但人常常对时间着迷。时间是无限延伸的么?时间有起点和终点么?无意中看到霍金的《时间简史》。霍金先生告诉我们,"在过去的某一时刻(大约137亿年以前)相邻星系之间的距离必须为零。换言之,整个宇宙被挤压在零尺度的单独的一点,就像一个半径为零的球。那时,宇宙的密度和时空曲率都为无限大。它是我们称作大爆炸的时刻。"这个时刻就是时间的起点。"一个质量足够大,并且足够紧致的恒星可能具有如此强大的引力场,以至于连光线都不能逃逸。任何从恒星表面发出的光,还没到达非常远的距离即被恒星的引力拉拽回来。这样的物体就是我们现在称

时间金钱化与利他行为

作黑洞的东西。"时间就终结于黑洞。时间有了始终,似乎确定下来,但这个答案却无法让人满意。

读生物学,人的生命在时间中展开,从单细胞受精卵到50万亿细胞再到死亡。时间和自我似乎牢牢捆在一起。读历史,人类历史在浩瀚时间长河中展开,波澜壮阔。单个人在无垠时间中显得如此渺小。自我是什么?与时间是一种什么关系?存在的秘密又是什么?存在焦虑缠绕着读大学的自己。海德格尔《存在与时间》,绝对大部头,名字虽有诗意,但晦涩难懂,难啃得很。据说,德国老百姓把它拿来垫东西。每想到这些,心里就会有强烈的愉悦感升起。后来,通过台湾大学哲学系傅佩荣教授的解读来理解海德格尔。"《存在与时间》哲学主题要以存在本身作为目标。要先了解人,也就是'此在'(存在者在此),进而分析人的日常生活。结果显示,人的一切都离不开时间性。你不可能没有时间而去理解人的生活。""人需要找到它的根源(存在本身),否则人生终究只是过客而已。""如果你意识到死亡的必然降临,你就会变成向着死亡的存在者,你的本质就是焦虑,因为这个时候你要选择属于自己或不属于自己。这种使人不安的情况,也可以称作良心的呼声。""存在本身必须透过'此在'才可以彰显。'此在'经验到自己的时间性和有限性,就向存在本身开放。而存在本身永远是作为万物的动力,并且包含整个万物为一个整体。"

后记

纯工科的大学生考到了心理学专业读研究生，也算是对时间与自我追问的一个结果。导师是黄希庭教授，著名的时间心理学研究者。研一的第一件事就是阅读津巴多的《时间的悖论》(*The Time Paradox: The New Psychology of Time that Will Change Your Life*)。津巴多提出时间洞察力的概念，"时间洞察力是我们每个人对于时间和过程的一种无意识的个人态度，这种状态使持续不断的存在性信息被时间编入不同的种类而赋予我们的生活以秩序、连贯性以及意义"。时间洞察力有六个维度：过去积极、过去消极、现在享乐、现在宿命、未来、超未来。持过去积极时间观的人记得美好的事件；持消极过去时间观的人记得负面的事件；持宿命主义时间观的人相信命运决定一切，个人毫无力量可言；持享乐主义时间观的人享受今天的生活；持未来时间观的人为明天计划好一切；持超未来时间观的人相信死去的只是肉体，精神依然存活。做完津巴多的问卷，发现自己是现在享乐与未来取向的杂糅，这个结果不太令人满意。

津巴多又提出对现在的整体论时间观，"与现在享乐和现在宿命不同，是完全的现在，与西方线性时间观不同，是一种指向佛教和冥想的概念。现在不是过去的奴隶也非将来的手段。日常冥想让冥想者产生存在于现在这一刻的体验，而这一刻不受过去和未来的影响。通过专注于当下，你不必憧憬未来，也无需遗憾过去。当下就是存在的意义，万物合一。现在整体论表现出既不

时间金钱化与利他行为

是寻求愉悦的现在享乐主义，也不是愤世嫉俗和退缩的现在宿命主义"。这是与我所契合的。那时埋下了冥想的种子，因为导师研究取向和现实的需要，我暂时放下了对这一研究主题的关注。

时间场与环境场。对我而言，周一是工作或学习的时间，我自然会处于学习状态；周六是休息娱乐的时间，不由自主会处于休闲状态。如果周六让我去完成工作任务，很难行动起来。乔纳森·海特的《象与骑象人》隐喻，"人的情感面就像一头大象，而理智面就像一个骑象人。骑象人骑在大象背上，手里握着缰绳，好像是他在指挥大象，但事实上，他的力量微不足道。一旦和大象发生冲突，他想往左，而大象想往右，那他通常是拗不过大象的"。感性的大象对"场"很敏感。它总是比理智先感受到"场"所暗示的行为线索，并照着这个行为线索行事。陈海贤咨询师提到，我们要培育"环境场"，在某一个地点你会努力工作，而在另一个地点会懈怠。"时间场"也同理，为了让自己更高效地工作学习，需要说服感性大象，给自己创造学习或工作的"时间场"，去培育这个"场"。有意识地让学习工作只在特定的时间里发生，那么这段时间就开始有了记忆，它会变成能调动和激发大象的"场"，这里就成为了存储美好新经验的记忆银行。

有了忘记时间和自我的体验，那是极致的体验。很久没有阅读小说，那天看的是苏联作家阿斯塔菲耶夫的《鱼王》。晚上睡觉前，一个人在宿舍，整个人沉浸在故事里，没有了时间，没

后记

有了自我，随着整个情节的推进浮沉。看完，竟然是凌晨四点多。那种感觉很奇妙，从没有过。后来，在学习积极心理学时，发现这种状态是米哈里·齐克森米哈里(Mihaly Csikszentmihalyi)所谓的flow，翻译成沉浸感、福流或心流。一种将个人精神力完全投注在某种活动上的感觉，心流产生时同时会有高度的兴奋及充实感。奇克森特米哈伊认为flow是"一种几乎是自动的、不须花力气的但又高度集中的感觉状态"。在这种状态中，自我意识的暂时丧失，如忘记了自己的社会身份、忘记了自己的身体状况（饥饿、疲劳）等；时间体验失真。不错不错，感觉真不错。

一天晚上躺在床上，准备休息，想听听音乐，从舍友那里借来一张外文CD，《上帝赐予你快乐，先生们》(*God Rest Ye Merry, Gentlemen*)。曲子很好听，已经听过多次，但这一次的体验，终生难忘。那一瞬间，没有了烦恼，人与人之间或人与世界之间没有了隔阂，自我融化了，时间消失了，饱满的幸福感，宏大的背景……似乎一刹那瞥见了永恒。一种强烈的近乎神秘的体验，很短暂，但深深刻在了记忆中。后来看到人本主义心理学家马斯洛提出的"高峰体验"，"高峰体验"是在他的需要层次理论中创造的一个名词，是指人们在追求自我实现的过程中，基本需要获得满足后，达到自我实现时所感受到的短暂的、豁达的、极乐的体验，是一种趋于顶峰、超越时空、超越自我的满足与完美体验。在高峰体验时，人会产生一种存在认知，这与一般的认知不同，这种体验仿佛与宇宙融合了，是人自我肯定的时刻，是超越自我的、忘我的、无我的状态。这是多么美好的体验，让我坚信这个世界是美好的，至少在最低落的时候坚信有美好的东西值得去探寻。

博士阶段，关于时间的研究继续，超越时间超越自我中心的研究被导师否定，因为短时间内实在做不出东西。现实摆在眼前，要毕业，要找工作。功利？这个东西也值得研究。时间本身具有永恒性、意义性，金钱本身有功利性、效用性。如果把金钱价格加到时间上，用金钱来衡量时间会是怎样的状况。这让人产生兴趣。时间金钱化后，人变得效用定势，更功利化，追求利益最大化。处于效用定势的人，没有闲心去欣赏风景、去参与利他活动，他们更愿意花时间在工作上、在功利性的交往上。已有的时间金钱化的研究结论只是初步的，稳定性需要更多的研究去考证。

毕业工作，评完职称。暂时无所求的时间里，发现那颗很早埋下的冥想种子已经生根发芽。活在当下？克利希那穆提《觉醒的力量》、艾克哈特·托尔《新世界》、克里斯托夫·安德烈《冥想》、罗伯特·兰甘《正念生命中重要之事：佛学与精神分析的对话》、杰克·康菲尔德《踏上心灵幽径》、一行禅师《正念的奇迹》、乔.卡巴金《正念疗愈力：八周找回平静、自信与智慧的自己》、西格尔威廉姆斯和蒂斯岱的《找回内心的宁静：忧郁症的正念认知疗法》……一路看下来，有了点感觉，这正是我想望的。活在当下的路径，可以通过正念练习的方法。正念冥想（mindfulness meditation）是基于东方冥想技术发展起来的心理干预方法，其核心理念是采取非评判态度，通过有意地将注意集中于当下经验（身体感觉、情绪和想法），以发展个体的觉察力。具体的练习包括身体扫描、正念静坐、正念饮食、正念瑜伽、慈心禅等。给本科生上正念课，也到中小学校开展正念教育，培养儿童专注力、认知灵活性和情绪稳定性。参与到日常的练习中，这棵正念之树茁壮成长。生活中慢慢多了一份专注、从容、平和。

人，痛苦的根源，是把"自我"看作是一个实在的东西，因此产生了对自我的执着。而这不过是一种幻觉。自我不过是因缘际会结合的产物，只是一个过程。时间又何尝不是一种幻觉？